W0088618

Sigmund Freud zur Einführung

Hans-Martin Lohmann

Sigmund Freud zur Einführung

JUNIUS

Wissenschaftlicher Beirat

Für Ele, meine mutige Gefährtin,
und J. M., meinen geduldigen Traumdeuter

Junius Verlag GmbH
Stresemannstraße 375
22761 Hamburg

© 1986 by Junius Verlag GmbH
Alle Rechte vorbehalten
Umschlaggestaltung: Florian Zietz
Titelfoto: Archiv Gerstenberg
Satz: Druckhaus Dresden GmbH
Druck: Druckhaus Dresden GmbH
Printed in Germany 1999
ISBN 3-88506-303-4
1 Aufl. 1986
2. Aufl. 1987
3. Aufl. 1991
4., verb. Aufl. 1999

Die Deutsche Bibliothek – CIP-Einheitsaufnahme

Lohmann, Hans-Martin:
Sigmund Freud zur Einführung / Hans-Martin Lohmann –
4., verb. Aufl. – Hamburg : Junius, 1999
(Zur Einführung ; 203)
Früher u.d.T.: Lohmann, Hans-Martin: Freud zur Einführung
ISBN 3-88506-303-4

Inhalt

Anhang

Einleitung

Es gibt kaum einen Autor des 20. Jahrhunderts, über den so viel geschrieben worden wäre wie über Sigmund Freud, den »Galilei der Fakteninnenwelt«, wie ihn Arnold Gehlen respektvoll, wenn auch ganz und gar ohne Zuneigung genannt hat.[1] Selbst dem Kenner seines Werkes und seiner Wirkungsgeschichte dürfte es schwerfallen, die einschlägige Literatur auch nur halbwegs zu überblicken und einzuordnen. Kein Zweifel, Freud und die Psychoanalyse stehen in der westlichen Welt hoch im Kurs.

Diese Karriere kann aber nicht darüber hinwegtäuschen, daß die Psychoanalyse in ihrer originalen, der Freudschen Lesart – und das ist eine äußerst unbequeme, die mit den vielen »freundlichen« Versionen von Psychoanalyse (etwa derjenigen C. G. Jungs oder des späten Erich Fromm), die geläufig sind, nichts zu tun hat – auch rund hundert Jahre nach ihrer Geburt als Wissenschaft von weiten Teilen der meinungsbildenden Öffentlichkeit nach wie vor heftig befehdet wird. Man denke beispielsweise an das scharfe Verdikt des großen russisch-amerikanischen Schriftstellers Vladimir Nabokov, der Freuds angebliche »spinnerte Suche nach sexuellen Symbolen« kurzerhand der Welt des Mittelalters zuordnet.[2]

Nicht nur angesichts solch platitüdenhaften Unfugs, der sich auf Ignoranz, Uninformiertheit und Ressentiment gegen die »zersetzende« Wissenschaft vom unbewußten Seelenleben zurückführen läßt, mag es nützlich und sinnvoll sein, Freuds Bedeutung und Aktualität im Hinblick auf das Selbstverständnis der Moderne, auf die Debatten um den Gehalt von Begriffen wie »Aufklärung«, »Fortschritt«, »Ende der Geschichte« und »posthistoire« erneut zu prüfen. Der gegenwärtig zu beobachtende Überdruß an der Moderne und ihren Antinomien, der sich etwa am verbreiteten Rückzug von politischem und intellektuellem Engagement ablesen läßt, das Wiedererstarken irrationaler Heils- und Erlösungsbewegungen und die Absage an die – zugegebenermaßen schwierigen und widerspruchsvollen – Lösungen der Vernunft, die beängstigende Präsenz antisemitischer und anderer rassistischer Vorurteile, kurz, all jene privaten und öffentlichen Regressionen, deren Zeugen wir sind: die Freudsche Psychoanalyse hat darauf gewiß keine raschen Antworten parat, aber sie vermag die Sinne und die Reflexionskraft dafür zu schärfen, wie wir mit solchen Phänomenen *vernünftigerweise* umgehen sollten.

Im übrigen war es die psychoanalytische Bewegung selber, die im Zuge ihrer gesellschaftlichen Anerkennung und institutionellen Versteinerung die Fragen nach Bestand und Zukunft unserer Kultur, nach deren Chancen und Gefährdungen stillschweigend ausgegrenzt und ihre Bearbeitung den Außenseitern der Zunft – den »Laien« – überlassen hat. Was die psychoanalytische Orthodoxie, deren Zentrum heute fraglos die *American Psychoanalytic Association* bildet, vom Erbe Freuds bewahrt und tradiert, erstreckt sich vor allem auf den therapeutisch-klinischen Aspekt seines Werkes. Als Erfinder einer spezifischen Technik zur Heilung individueller neurotischer Erkrankungen steht Freud bei jener Orthodoxie hoch im Kurs, während der andere – und gewiß ebenso zentrale – Teil seiner Lehre, der sich ganz allgemein unter den Titel »Kulturtheorie« subsumieren läßt, als Spekulation oder Mythologie abgetan wird. Für Freud selber war die Einheit von psychoanalytischer Klinik und psychoanalytischer Kulturtheorie so selbstverständlich, daß sie in seinem Werk als gesonderte Felder gar nicht auftauchen – die künstliche Aufspaltung blieb seinen ärztlich professionalisierten Nachfolgern, in erster Linie den amerikanischen Analytikern, vorbehalten.[3] Wenn in den vergangenen Jahren zunehmend Kritik am »Medicozentrismus« der Psychoanalyse laut wurde, so ist das als Reaktion auf die gar nicht einmal schleichende »Amerikanisierung des Unbewußten« zu begreifen.[4]

In den sechziger und frühen siebziger Jahren entdeckte die kulturrevolutionär gestimmte Intelligenz der Bundesrepublik die in der Psychoanalyse verborgenen gesellschafts- und kulturtheoretischen Sprengsätze. Die Aneignung der Werke von Freud, Wilhelm Reich, Siegfried Bernfeld und Otto Fenichel, deren Rezeption durch Nationalsozialismus, Krieg und Nachkriegsrestauration fast vollständig blockiert worden war, und die Lektüre psychoanalysefreundlicher Autoren aus dem Umkreis des alten Instituts für Sozialforschung, wie Erich Fromm, Max Horkheimer, Theodor W. Adorno, Herbert Marcuse, schufen ein Klima, in welchem der von der psychoanalytischen Orthodoxie »verfemte Teil« (Georges Bataille) weitgehend rehabilitiert wurde. Entdeckte man in Marx den Entzauberer objektiver Lebensverhältnisse, so in Freud den Analytiker subjektiver Daseinsbedingungen – beide Theorieansätze, so glaubte man, ließen sich mit einiger Anstrengung zu einer Kritik des gesellschaftlichen Ganzen verbinden: »Die ungewöhnliche Ehe zwischen Marx und Freud«[5] schien Wirklichkeit geworden zu sein. Buchtitel wie *Sexualität und Klassenkampf; Psychoanalyse und Marxismus; Marxismus, Psychoanalyse, Sexpol; Libido und Gesellschaft; Neurose und Klassenkampf*[6], die alle an die in den zwanziger und dreißiger Jahren zwischen »linken« Analytikern und Marxisten geführten Debatten anknüpften, suggerierten die Nähe zweier Formationen von Theorie und Kritik, deren Intentionen weitgehend identisch zu sein schienen: die Befreiung des Menschen von äußeren und inneren Zwängen.

Die Ehe hielt nicht lange, weil sie auf zweifelhaften Voraussetzungen gründete. Im selben Maße, wie die Protestgeneration von 1968 die Lektion nachzuholen hatte, daß die Theorie vom Klassenkampf und die Theorie vom Unbewußten durch mehr als nur ein oder zwei Vermittlungsschritte getrennt sind[7], nahm das gegenseitige Interesse rapide ab. Zudem ließ sich für die an der Psychoanalyse interessierte Linke ein ärgerliches Faktum nicht länger verleugnen. Freuds Wissenschaft steht quer zu den historisch überlieferten Auseinandersetzungen – sie ist weder »links« noch »rechts«. Freuds Theorie der Seele im bürgerlichen Zeitalter versteht sich vielmehr als Anwältin einer Kritik der herrschenden Vernunft und der Illusionen, die sie produziert, als Hebamme einer Kritik des Logozentrismus und seiner fatalen gesellschaftlichen Folgen – einer Kritik, welcher auch der Marxismus und seine historisch gewordenen Objektivationen verfallen, sofern sie mit dem Logozentrismus paktieren. Das Sprengende und Befreiende der Freudschen Theorie liegt nicht darin, daß sie sich explizit politisch artikuliert – das können die Psychoanalytiker als Staatsbürger jederzeit tun –, sondern allein darin, daß sie den Sedimenten gesellschaftlicher Herrschaftsverhältnisse in der Psyche des Individuums nachspürt und dem Unterdrückten Sprache verleiht.

Der nicht selten erhobene Vorwurf, Freud habe die äußere Realität ausgeblendet – Carl Schorske spricht vom »antipolitischen Element am Ursprung der Psychoanalyse«[8] –, beruht auf einem fundamentalen Mißverständnis: Die revolutionäre Entdeckung Freuds besteht ja eben darin, daß das »Äußere« nach »innen« gewandert ist und sich dort einen festen Platz verschafft hat. Deshalb war Freud gezwungen, die gesellschaftliche Gewalt dort aufzusuchen, wo sie sich am hartnäckigsten verpanzert und ihre Diktatur errichtet: im Unbewußten. Im Prozeß der Kultivierung und Selbstkultivierung der Menschen sah Freud nicht nur einen notwendigen (oder jedenfalls irreversiblen) Fortschritt, sondern ebenso die »Geschichte der Entsagung«[9]. Der Vatermord wie der Inzest mit der Mutter – in der Freudschen Theorie der Zentralmythos, der vom Erwachen der Kultur und von der für den Kulturfortschritt unabdingbaren Internalisierung von Gewalt und Sexualität erzählt – finden nicht mehr real statt, werden vielmehr im Innern der Individuen ausgetragen und lagern sich als verdrängte Triebwünsche im Unbewußten ab. Ihm wendet sich das forschende Interesse der Psychoanalyse zu.

Freuds Lehre versteht sich als Parteigängerin der unterdrückten, kulturell verfemten Triebe – freilich nicht in jenem primitiven Sinne, den die Gegner der Psychoanalyse mit dem Schlagwort »Pansexualismus« geltend gemacht haben. Indem der psychoanalytische Medicozentrismus, ganz auf Therapie und gelungene Anpassung des Subjekts fixiert, den Zusammenhang zwischen Trieben, Triebschicksalen und Kulturprozeß zerreißt, isoliert er, wie es auch die naturwissenschaftlich orientierte Organmedizin tut, die psychophysische Natur des Subjekts von jenen kulturellen Bedingungen, die es mitkonstituieren. Werden Triebschicksale nicht mehr als introjizierte gesellschaftliche Schicksale erfahren und gedeutet, erscheinen sie im Dialog zwischen Analytiker und Analysand als gegen die Gewalt des Kulturprozesses isolierte Schicksale, die allenfalls »familialistisch« interpretiert werden, so verkümmert die Freudsche Psychologie zu einer banalen Psychologie individueller Abweichungen, die therapeutisch behoben werden können. Freuds Lehre von den Trieben ist aber eine Konfliktlehre, welche die Auseinandersetzung zwischen Individuum und Gesellschaft, Natur und Kultur, Triebansprüchen und Triebversagungen, Eros und Thanatos zum Gegenstand hat. Tragisch für das Individuum verdient dieser Konflikt deshalb genannt zu werden, weil sein Schicksal von Kräften determiniert wird, die weitgehend außerhalb seiner Kontrolle und unabhängig von seinen Intentionen und Handlungen wirksam sind.[10] Der aufklärerische Beitrag Freuds besteht gerade darin, daß er die schier ausweglose Verstrickung des Individuums in Begehren, Lustverzicht und internalisierte Aggression ohne Beschönigung, ohne irgendeine tröstliche Sinngebung vor Augen führt – für Glück, Harmonie und beschauliche »Selbstfindung« ist in der Psychologie des Unbewußten kein Platz. Man begreift, warum ein Mythologe wie C.G. Jung, der zu den Quellen ursprünglicher Weisheit und Heimeligkeit zurückwollte, um so vieles populärer als Freud ist, der uns nur mitzuteilen weiß, wie bedenklich es um unsere Sache steht.[11]

Thomas Manns Sympathie für die Psychoanalyse hatte ihren Grund nicht zuletzt darin, daß er in ihr eine Gestalt der Aufklärung sah, die, nachdem sie »Einsicht in die tatsächlich-machtmäßige Überlegenheit des Triebes über den Geist«[12] gewonnen hat, jenen nicht verwirft oder verleugnet, sondern als Daseinsvoraussetzung anerkennt. Der menschliche Geist, selber der Natur entsprungen, hat nicht über die »dunklen Triebe« zu Gericht zu sitzen; vielmehr soll er diejenige Instanz sein, die sich dem »Dunklen« öffnet und gerade dadurch seine irritierende Präsenz zu mäßigen imstande ist. Denn nur wenn die Triebnatur des Menschen nicht verleugnet oder geistimperial gebrochen wird, besteht die Möglichkeit, der falschen Alternative von Naturhörigkeit und Kulturheuchelei zu entkommen. »Das Unbewußte als eine universale menschliche Gegebenheit erscheint vor den Schranken eines objektivierenden Bewußtseins, das sich nicht zum Richter aufschwingt; ausnahmsweise will das Bewußtsein die Begierde nicht außer Kraft setzen, sondern trägt vielmehr dafür Sorge, seinen Forschungsgegenstand ernst zu nehmen und Licht auf ihn zu werfen. Freud entdeckt den Schatten im Innern, aber in der Absicht, seine Gestalt auszumachen, ihn aufzuhellen.«[13]

Die folgenden eher skizzen- und pointenhaften Gedanken stellen tatsächlich nicht mehr als eine Einführung dar, die dem Leser Mut machen will, das großartige Gebirgsmassiv der Freudschen Schriften selbständig zu erforschen. Es versteht sich, daß der begrenzte Rahmen einer Einführung den Autor dazu zwingt, sich auf einige wesentliche Punkte zu beschränken bzw. auf das, was ihm wesentlich erscheint. Vieles von dem, was die Freudsche Psychoanalyse *auch* ist, taucht im folgenden gar nicht oder nur am Rande auf; die zahlreichen Lücken sind dem Autor sehr wohl bewußt. Aber auch wenn die Subjektivität, die bei der Wahl der Schwerpunkte dieser Einführung waltete, unverkennbar ist, hofft ihr Verfasser gleichwohl, nicht willkürlich verfahren zu sein. Im übrigen verweist er diejenigen Leser, deren sachliches Interesse an Freud und der Psychoanalyse sich nicht mit der Lektüre dieser kleinen Schrift erschöpft, auf die Bibliographie am Ende des Bandes.

1. Der Königsweg zum Unbewußten: Die Traumdeutung

Mit dem Erscheinen der *Traumdeutung,* deren Gedanken während langer Jahre des Verwerfens, Wartens und Zögerns in Freud gereift waren, trat die Psychoanalyse sichtbar in die Welt. Zwar lag das Buch bereits Ende 1899 ausgedruckt vor, aber Freuds Verleger setzte ins Impressum die Jahreszahl 1900 – vielleicht in der vagen Hoffnung oder Erwartung, mit Freuds Werk werde eine ganz neue Epoche eingeläutet, womit er ja nicht unrecht hatte. In der Tat hat kaum ein anderes Buch das 20. Jahrhundert so nachhaltig geprägt, das Bild des modernen Individuums von sich selbst so radikal verändert und irritierender Kritik unterworfen wie *Die Traumdeutung,* die bis heute Freuds berühmtestes und meistzitiertes Buch geblieben ist. Es gibt kein Verständnis dessen, was Psychoanalyse heißt, ohne eine zureichende Kenntnis dieses Werkes.

Der Autor der *Traumdeutung,* der sich schon seit längerem für seine eigenen Träume wie für die seiner Patienten interessiert hatte, betrachtete die Arbeit an dem Buch »als ein Stück meiner Selbstanalyse, als meine Reaktion auf den Tod meines Vaters, also auf das bedeutsamste Ereignis, den einschneidendsten Verlust im Leben eines Mannes«[1]. Nimmt man diese Äußerung ernst, so läßt sie zwei Dinge, die für die Psychoanalyse von zentraler Bedeutung sind, sichtbar werden, Essentials, die zum orthodoxen Kern der Psychoanalyse rechnen.

Zum einen gibt Freud, der in seiner neurologischen Praxis täglich Patienten sah, mit dem Hinweis auf seine Selbstanalyse zu verstehen, daß er, der Arzt, seinerseits in der Position des Kranken ist, d.h. in der Position dessen, der der Heilung bedarf. Freud identifiziert sich also nicht mit der klassischen Rolle des (gesunden) Arztes, der seelisch kranke Individuen behandelt und somit eine Kluft zwischen sich und die anderen legt; vielmehr indiziert die eingestandene Selbstanalyse, die mit der Arbeit an der *Traumdeutung* verbunden ist, die erkannte Notwendigkeit der Selbstheilung des Arztes. Diese therapeutische Wende, die Arzt und Patient aus dem traditionellen Macht- und Abhängigkeitsgefüge – der Arzt ist der »Wissende«, der seinem Wissen gemäß fragt, der Patient der »Unwissende«, der zu antworten hat – entläßt und das Verhältnis beider als eines der – idealiter – kommunikativen Symmetrie definiert, darf als einer der Eckpfeiler der Psychoanalyse gelten, der sie von der naturwissenschaftlich orientierten Medizin bis heute unterscheidet. Die Macht liegt nicht länger auf seiten des Arztes, des »Wissenden«, der den Patienten dazu auffordert, seine neurotischen Symptome zu schildern, um diese sodann zu klassifizieren; die ärztliche Macht erleidet vielmehr in dem Maße Dispens, wie der Arzt sich selber – und gleichsam je nachdem – als »normal« oder »neurotisch«, »gesund« oder »krank« erlebt und die Einfälle und Assoziationen des Patienten verstehend aufnimmt, ohne sie im Sinne wissenschaftlicher Hypothesenvalidierung auf ein imaginäres Schema von Gesundheit und Krankheit abzubilden.

Wenn Freud zu Beginn der *Traumdeutung* von seiner Selbstanalyse – und das heißt: Selbstheilung – spricht, so bedeutet das im Hinblick auf das Verfahren der Psychoanalyse, daß »an die Stelle der Schilderung der Symptome und der Einklassifizierung des Verhaltens in Rubriken der Medizin [...] jetzt die Schilderung der unmittelbaren Lebenssituation des Patienten [tritt]. Was dieser frei ausdrückte« – ohne Vorgaben und Imperative des Arztes –, »war nicht länger ausgerichtet auf die im Kopfe des Arztes verborgenen Krankheitsschemata, vorab zugerichtet und fragmentiert zur Einfütterung in den ärztlichen Wahrnehmungsapparat, sondern wahrte den selbsterfahrenen Zusammenhang des Erlebens.«[2] Die Psychoanalyse, mit anderen Worten, errichtet ein völlig neues Paradigma der Arzt-Patient-Beziehung.

Aber Freuds Hinweis auf seine Selbstanalyse als Reaktion auf den Tod seines Vaters enthüllt einen weiteren Zusammenhang, der für das Verständnis der Psychoanalyse grundlegend ist. Schon vor der Fertigstellung der *Traumdeutung* war Freud auf ein psychisches Phänomen gestoßen, das er später »Ödipuskomplex« nennen sollte.[3] »Auf irgendeinem der dunklen Wege hinter dem offiziellen Bewußtsein hat mich der Tod des Alten sehr ergriffen«, schreibt Freud im November 1896, etwa eine Woche nach dem Ableben des achtzigjährigen Jakob Freud.[4] Und im Brief vom 15. Oktober 1897 an den Freund Wilhelm Fließ kann Freud das, was »hinter dem offiziellen Bewußtsein« verborgen ist, präzisieren: »Ein einziger Gedanke von allgemeinem Wert ist mir aufgegangen. Ich habe die Verliebtheit in die Mutter und die Eifersucht gegen den Vater auch bei mir gefunden und halte sie jetzt für ein allgemeines Ereignis früher Kindheit. [...] Wenn das so ist, so versteht man die packende Macht des Königs Ödipus trotz aller Einwendungen, die der Verstand gegen die Fatumsvoraussetzung erhebt, und versteht, warum das spätere Schicksalsdrama so elend scheitern mußte. [...] die griechische Sage greift einen Zwang auf, den jeder anerkennt, weil er dessen Existenz in sich verspürt hat. Jeder der Hörer war einmal im Keime und in der Phantasie ein solcher Ödipus, und vor der hier in die Realität gezogenen Traumerfüllung schaudert jeder zurück mit dem ganzen Betrag der Verdrängung, der seinen infantilen Zustand von seinem heutigen trennt.«[5]

Bekanntlich hat Freud, wenn auch mit mancherlei Modifizierungen, an der Theorie von der lebensprägenden Gewalt ödipaler Wünsche und Konflikte immer festgehalten. Kurz vor seinem Tod bemerkte er: »Ich getraue mich zu sagen, wenn die Psychoanalyse sich keiner andern Leistung rühmen könnte als der Aufdeckung des verdrängten Ödipuskomplexes, dies allein würde ihr den Anspruch geben, unter die wertvollen Neuerwerbungen der Menschheit eingereiht zu werden.«[6] Die »Verliebtheit gegen den einen, Haß gegen den andern Teil des Elternpaares« gehören für ihn »zum eisernen Bestand« dessen, was in der neurotischen Symptomatik regelmäßig wiederkehrt. Aber, fügt Freud hinzu, er glaube nicht, »daß die Psychoneurotiker sich hierin von anderen normal verbleibenden Menschenkindern scharf sondern«[7]. Denn der »urzeitliche Kinderwunsch«[8], den Inzest mit dem einen Elternteil zu vollziehen und den anderen Teil, der diesem Wunsch hinderlich im Wege steht, zu töten, lasse sich in den unbewußten Phantasien eines jeden nachweisen. Freud konnte die sogenannte Verführungstheorie (von der im nächsten Kapitel noch einmal die Rede sein wird), die von tatsächlich stattfindenden sexuellen Erlebnissen in der Kindheit ausgeht, auch deshalb verwerfen, weil er, nicht zuletzt dank seiner Selbstanalyse und der Auseinandersetzung mit der Gestalt des Vaters, erkannte, daß die Macht ödipaler Phantasien unabhängig von realen Ereignissen im psychosexuellen Haushalt jedes Menschen wirkt. »Uns allen vielleicht war es beschieden, die erste sexuelle Regung auf die Mutter, den ersten Haß und gewalttätigen Wunsch gegen den Vater zu richten; unsere Träume überzeugen uns davon.«[9]

Freuds *Traumdeutung*, die Lehre vom unbewußten Seelenleben, das »hinter dem offiziellen Bewußtsein« als verdrängtes existiert, macht ernst mit der Einsicht, daß noch die unglaubwürdigsten Geständnisse und Phantasien der Individuen auf der

Couch keine Zufallsproduktionen, sondern unbewußt determiniert seien, daß noch in den bizarrsten, verrücktesten und unverständlichsten Träumen ein Sinn sich verberge, den man mittels einer bestimmten Technik, eben der Kunst der Traumdeutung, enthüllen könne, »daß bei Anwendung dieses Verfahrens jeder Traum sich als ein sinnvolles psychisches Gebilde herausstellt«[10], schließlich daß zwischen den phantastischen Hervorbringungen von seelisch gesunden und seelisch kranken Individuen nur ein gradueller Unterschied bestehe. Wenn am Anfang der Psychoanalyse die Analyse der Träume steht, dann kommt das insofern nicht von ungefähr, als der Traum – der die Dichter und Philosophen seit den ältesten Zeiten beschäftigt – ein Mischgebilde darstellt, »eine Art von normalem ›pathologischem‹ Phänomen«[11], das dem Gesunden ebenso vertraut bzw. unvertraut ist wie dem Neurotiker. Wie die Traumanalyse den kulturellen Raum der Psychiatrie, welche seelische Krankheit und Gesundheit säuberlich scheidet, transzendiert und psychische Pathologien in den kulturellen Raum der »Normalität« hineinreißt, so überschreitet die Psychoanalyse insgesamt die Grenzlinie zwischen »normal« und »anormal«. Wo Arzt und Patient sich nicht mehr in der klassischen Subjekt-Objekt-Relation gegenüberstehen, sondern beide interagierende Teilnehmer einer »Szene« sind, wird der Gegensatz zwischen Gesundheit und Krankheit, Normalität und Abweichung tendenziell hinfällig.[12] Das Interesse an der Psychoanalyse, die ja von Anfang an gerade auch die Nicht-Ärzte, die Laien in ihren Bann zog, aber auch das von der Psychoanalyse ausgehende Beunruhigungspotential rühren daher, daß sie den Raum des Pathologischen – oder umgekehrt: den Raum des Nichtpathologischen – enorm erweitert hat. Deshalb darf gesagt werden, die Psychoanalyse sei in erster Linie nicht eine Krankheitslehre (und ein therapeutisches Verfahren zur Heilung von Krankheiten), sondern die umfassende Theorie vergangener und gegenwärtiger Kultur sowie die Lehre von den individuell und kollektiv internalisierten Opfern, die die Kultur als Preis ihres Erhalts den Individuen abfordert.

Freuds Annahme, daß in den Träumen ein »Sinn« eingekapselt sei, ist keineswegs neu, sie steht vielmehr in einer ehrwürdigen Tradition. Bereits der romantische Dichter Novalis hatte bemerkt, Träume enthielten mehr als nur Ströme zusammenhanglosen Unsinns. Auch andere Schriftsteller und Gelehrte schon vor Novalis hatten auf die eigentümliche »Logik« des Traums hingewiesen.[13] Insofern griff Freud ein Thema auf, das auf eine lange Vorgeschichte zurückblicken konnte. Überhaupt war der Revolutionär Freud ein Traditionalist. Bei der Lektüre seines Werkes fällt immer wieder auf, in welch hohem Maße er der klassischen Überlieferung von Philosophie und Literatur verpflichtet war. Der Wiener Nervenarzt war ein leidenschaftlicher Leser Sophokles', Shakespeares, Lichtenbergs, Goethes, Schopenhauers, Börnes und Heines. Daß das Motto der *Traumdeutung* – »Flectere si nequeo Superos, Acheronta movebo« (etwa: »Wenn ich nicht die Oberwelt verändern kann, so will ich die Unterwelt bewegen«) – Vergils *Äneis* entstammt, verweist auf Freuds ausgeprägten intellektuellen Traditionalismus.

Was *Die Traumdeutung* von allen früheren Versuchen, den Sinn von Träumen zu entschlüsseln, unterscheidet, ist der systematische und induktive Charakter, mit dem sie dem unerklärlichen und irrationalen Phänomen des Traums zu Leibe rückt. Freilich geht Freud, nachdem er im ersten Kapitel seines Buches »die wissenschaftliche Literatur der Traumprobleme« gemustert und im zweiten Kapitel einen eigenen Traum analysiert hat[14], von einer theoretischen Prämisse aus, deren (klinische) Evidenz ihm unabweisbar scheint: daß jeder Traum eine Wunscherfüllung sei. Im Zustand des Schlafens, in welchem die Bewegungsmöglichkeit des Organismus weitgehend ausgeschaltet und die Gefahr für den Schläfer, mit den Anforderungen des Realitätsprinzips, der bewußten und kontrollierten Lebensäußerung zu kollidieren, entsprechend gering ist, dürfen die unterdrückten Triebwünsche in Gestalt von Träumen sich melden: »Der Traum ist selbst eine der Äußerungen dieses Unterdrückten.«[15] Freud illustriert die energische Wiederkehr des Verdrängten im Traum, wenn er über den Zusammenhang von rezenten Tagesresten und Traumbildung nachdenkt, so: »Es ist sehr wohl möglich, daß ein Tagesgedanke die Rolle des Unternehmers für den Traum spielt; aber der Unternehmer, der, wie man sagt, die Idee hat und den Drang, sie in die Tat umzusetzen, kann doch ohne Kapital nichts machen; er braucht einen Kapitalisten, der den Aufwand bestreitet, und dieser Kapitalist, der den psychischen Aufwand für den Traum beistellt, ist alle Male und unweigerlich, was immer auch der Tagesgedanke sein mag, ein Wunsch aus dem Unbewußten.«[16]

Freud zufolge ist der Traum insofern eine Ersatzhandlung, als der unbewußte Wunsch – der für Freud immer aus der Kindheit und deren ungezügeltem Wunsch-Egoismus stammt – nicht in der Wirklichkeit befriedigt werden kann, sondern nur halluzinatorisch, eben im Traum: »Die Infantilszene kann ihre Erneuerung nicht durchsetzen; sie muß sich mit der Wiederkehr als Traum begnügen.«[17] Der Traum ist gleichsam eine harmlose Regression »zu den früheren Verhältnissen des Träumers, ein Wiederbeleben seiner Kindheit«[18] – harmlos deshalb, weil solche Wunscherfüllung, wie sie der Traum erlaubt, das Realitätsprinzip nicht tangiert. Freilich wäre es falsch, aus der faktischen Harmlosigkeit des Träumens zu schließen, die Triebwünsche seien lediglich eingebildete. Für Freud steht fest, daß sich in den bizarren Gebilden des Traums handfeste infantile Wünsche manifestieren: die »immer regen, sozusagen unsterblichen Wünsche unseres Unbewußten«[19], die nicht nur Auskunft über die individuelle Kindheit geben, sondern uns auch »Einblicke in die phylogenetische Kindheit, in die Entwicklung des Menschengeschlechts« gestatten. »Es scheint, daß Traum und Neurose« – die Freud hier in charakteristischer Weise auf eine Stufe stellt – »uns mehr von den seelischen Altertümern bewahrt haben, als wir vermuten konnten.«[20]

Die Traumdeutung begnügt sich nicht damit, darzulegen und zu erklären, daß Träume Wunscherfüllungen sind. Dies wäre zwar nichts Geringes, aber die vielleicht wesentlichere Leistung Freuds besteht darin, daß er anhand zahlreicher Traumbeispiele die Funktionsweise des Traums erläutert. So geht er mit Recht davon aus, daß an vielen Träumen, deren wir uns erinnern können, ihr Wunschcharakter unkenntlich bleibt, ja daß der manifeste Trauminhalt geradezu das Gegenteil eines Wunsches ausdrücken kann. Gibt es also doch noch andere als Wunscherfüllungsträume? Wie soll man die Existenz von Träumen peinlichen Inhalts, von Gegenwunschträumen und Angstträumen (z.B. Prüfungsträumen) erklären? Freud ist um eine Antwort nicht verlegen. Indem er eine Unterscheidung trifft zwischen manifesten und latenten Trauminhalten[21], zwischen bewußtseinsfähigem Traummaterial, das wir im Wachzustand zu reproduzieren vermögen, und einer bewußtseinsentzogenen »latenten« Traumebene, die Schauplatz des eigentlichen Wunsches ist, kann er die »Tatsache der Traumentstellung« postulieren.[22] »Wo die Wunscherfüllung unkenntlich, verkleidet ist, da müßte eine Tendenz zur Abwehr gegen diesen Wunsch vorhanden sein, und infolge dieser Abwehr könnte der Wunsch sich nicht anders als entstellt zum Ausdruck bringen.« Und Freud fährt fort: »Über den Zwang zu solcher Entstellung klagt auch der Dichter: ›Das Beste, was du wissen kannst, darfst du den Buben doch nicht sagen.‹«[23] Was Freud Traumentstellung nennt, ist ihm identisch mit dem Vorgang der Zensur, der mit dem unbewußten Wunsch konfligiert. »Die Traumentstellung erweist sich [...] als ein Akt der Zensur. Allem, was die Analyse der Unlustträume zutage gefördert hat, tragen wir aber Rechnung, wenn wir unsere Formel, die das Wesen des Traumes ausdrücken soll, in folgender Art verändern: Der Traum ist die (verkleidete) Erfüllung eines (unterdrückten, verdrängten) Wunsches.«[24]

Es bleibt die Frage, warum der Traum in vielen Fällen nur zensiert auftreten darf. Freud hat darauf eine plausible Antwort. Der Schlafzustand setze den bewußten Widerstand gegen die unbewußten Wünsche keineswegs völlig außer Kraft, sondern mäßige bloß dessen Einfluß. »Unser Schluß ist, daß dieser [der Widerstand] während der Nachtzeit einen Teil seiner Macht eingebüßt hatte; wir wissen, er war nicht aufgehoben, denn wir haben seinen Anteil an der Traumbildung in der Traumentstellung nachgewiesen.«[25] Demnach ist der manifeste Trauminhalt im Verhältnis zum latenten Traumgedanken einerseits, zum bewußten Wachzustand andererseits so etwas wie ein Kompromiß – der verdrängte Wunsch tritt zwar auf die Traumbühne, aber eben nur in entstellter Gestalt.

Um Kompromißbildungen handelt es sich auch bei jenen psychischen Mechanismen, die Freud im umfangreichen sechsten Kapitel der *Traumdeutung*, »Die Traumarbeit« überschrieben, untersucht. Damit der verdrängte Wunsch im Traum auftauchen kann, bedarf es Freud zufolge jener »großartigen Verdichtungsarbeit«[26], die der Traum leistet und deren Resultat ihn dem wachen Bewußtsein oft so befremdlich und absurd erscheinen läßt. Die Verdichtungsarbeit produziert »Mischgebilde«[27], indem sie verschiedene Elemente – Ideen, Gegenstände, Personen – zusammenwirft, dergestalt den unbewußten Wunsch kaschierend und zugleich enthüllend. Es bleibt der Übersetzungsarbeit des Traumdeuters vorbehalten, die verschiedenen Elemente der Verdichtung und Mischung zu entwirren und mit dem latenten Traumgedanken in Beziehung zu bringen. Ähnlich verhält es sich mit dem, was Freud »Verschiebungsarbeit« nennt: »Was in den Traumgedanken offenbar der wesentliche Inhalt ist, braucht im Traum gar nicht vertreten zu sein. Der Traum ist gleichsam anders zentriert, sein Inhalt um andere Elemente als Mittelpunkt geordnet als die Traumgedanken.«[28] Wie für die Verdichtung gilt auch für die Verschiebung, daß sie, unter den Bedingungen der ermäßigten Zensur des Schlafzustands, einen trag- und darstellungsfähigen Kompromiß zustande bringt zwischen der Wunschabwehr des Bewußtseins und dem Drängen des Wunsches nach Erfüllung. Diese psychischen Arbeitsvorgänge (von denen Freud noch einige weitere aufzählt) finden sich nicht nur im Traum, sondern auch in den Fehlleistungen, im Witz und in Wortspielen, schließlich in der Metaphorik der Umgangssprache wieder. In seiner *Psychopathologie des Alltagslebens*[29] wie in seinem Buch über den Witz[30] hat Freud eine Fülle von Beispielen aufgeführt, die seine Theorie der Traumarbeit bestätigen.

Die Deutung der Träume war für Freud »die Via regia zur Kenntnis des Unbewußten im Seelenleben«[31], und *Die Traumdeutung* blieb ihm seine wichtigste Publikation. Was an diesem Initiationsbuch der Psychoanalyse, das sein Autor bei späteren Neuauflagen immer wieder ergänzt hat, bis heute imponiert, ist nicht allein Freuds Mut, sich durch die Darstellung und (partielle) Analyse eigener Träume öffentlich bloßzustellen; imponierend ist vor allem die Unbeirrbarkeit, mit der Freud in einer wissenschafts- und fortschrittsgläubigen Epoche die Existenz eines »Anderen der Vernunft«, eines »anderen Sprechers« und eines »anderen Textes« postuliert. Das schiere Vorkommen von Träumen zeigte ihm ja, daß es außer dem offiziellen Text, den die Individuen unter der Herrschaft des Realitätsprinzips und seiner Anforderungen produzieren, noch einen zweiten Text gibt, der der Logik des normalen Denkens und Bewußtseins unzugänglich bleibt. Wenn man den Traumtext nicht einfach in den Bereich des Irrationalen, des schlechthin Unerklärlichen verbannen wollte, so war es zwingend, ihn als »anderen Text«, dessen Autor ein »anderer Sprecher« ist, ernst zu nehmen, seine Arbeits- und Funktionsweisen zu untersuchen, seine spezielle Syntax und seine Ähnlichkeit wie seine Differenz zum offiziellen Text zu bestimmen.

Freud war sich dessen bewußt, daß sein Buch einen »Wendepunkt« in der Geschichte der Psychoanalyse markierte, daß er mit der *Traumdeutung* den »Schritt von einem psychotherapeutischen Verfahren zu einer Tiefenpsychologie vollzogen« hatte.[32] Dieser Schritt war für Freud unwiderruflich, deshalb hielt er an seiner Traumlehre unbeirrbar fest. Wenn er sich später genötigt sah, sie im Detail zu modifizieren, dann darum, weil er erkannt hatte, daß die Zensur kein Spezifikum des Traums darstellt, sondern sich auch in anderen Bereichen der Seelentätigkeit Geltung verschafft. Diesen allgemeinen Zensor nannte Freud »Über-Ich«: »Indem wir [...] die Traumzensur als eine Leistung dieser Instanz erkannten, wurden wir angeleitet, den Anteil des Über-Ichs an der Traumbildung sorgfältiger zu beachten.«[33]

Auch die Wunscherfüllungstheorie sah sich Freud später insoweit zu modifizieren gezwungen, als er nicht umhinkonnte, die Autonomie von Träumen, welche Schockerlebnisse und traumatische Situationen reproduzieren, anzuerkennen. »Ich meine, wir sollen uns nicht scheuen zuzugestehen, daß in diesem Falle die Funktion des Traumes« – die Funktion der Wunscherfüllung – »versagt.«[34] Gleichwohl blieb Freud seiner Auffassung treu, daß es in der Regel verdrängte infantile Wünsche seien, die als Motor der Traumbildung wirken. »In das Nachtleben scheint verbannt, was einst im Wachen herrschte, als das psychische Leben noch jung und untüchtig war, etwa wie wir in der Kinderstube die abgelegten primitiven Waffen der erwachsenen Menschheit, Pfeil und Bogen, wiederfinden. Das Träumen ist ein Stück des überwundenen Kinderseelenlebens.«[35]

Erst seit Freuds *Traumdeutung,* die den Endpunkt einer langen geistesgeschichtlichen Entwicklung ebenso indiziert wie den Ausgangspunkt einer neuen, umwälzenden Psychologie – darin vergleichbar dem 1899 gehaltenen Vortrag Max Plancks in der Preußischen Akademie der Wissenschaften, der die Wende von der klassischen zur modernen Physik bezeichnet –, ahnen wir, wie abgründig und erschreckend jenes innere Ausland ist, dessen Boten und Kohorten uns nächtlings heimsuchen. Noch jeder Traum, den wir träumen, belehrt uns darüber, daß es außer dem »Ich spreche« ein »Es spricht« gibt, das unser Selbstbewußtsein unterminiert. Sollte man sich also wundern, daß die Psychologie des Unbewußten bis heute vom Common sense hartnäckig ignoriert wird?

2. Das Ende der Unschuld:
Drei Abhandlungen zur Sexualtheorie

Zu denjenigen Schriften Freuds, die zu ihrer Zeit in der Öffentlichkeit auf großes Unverständnis stießen, zählen seine sexual-
wissenschaftlichen Schriften, in erster Linie die 1905 publizierten *Drei Abhandlungen zur Sexualtheorie*. Die Art und Weise, in
der sich ihr Autor über die sogenannten »sexuellen Perversionen« und über Existenz und Ausdrucksformen der kindlichen
Sexualität äußerte, wurde von weiten Teilen des Publikums als
Skandal empfunden. Freud war »die Mischung von Lüsternheit
und Prüderie«[1], mit der die Öffentlichkeit auf sein Werk reagie-
ren würde, sehr wohl bewußt. Noch im Vorwort zur vierten
Auflage der *Drei Abhandlungen*, die 1920 erschien, kommt er auf
die Vorwürfe zu sprechen, die immer wieder gegen seine Schrift
erhoben wurden: »In dem Bedürfnis nach volltönenden Schlag-
worten ist man soweit gegangen, von dem ›Pansexualismus‹ der
Psychoanalyse zu reden und ihr den unsinnigen Vorwurf zu machen, sie erkläre ›alles‹ aus der Sexualität.«[2]

Allerdings hat die Freud-Legende, für deren Entstehen der
Freud-Biograph Ernest Jones[3], aber auch Freud selber mitver-
antwortlich sind, den Sachverhalt erheblich übertrieben. Freuds
spätere Behauptung, seine Betonung der Rolle der Sexualität bei
der Entstehung von Neurosen, überhaupt die privilegierte Stellung, die er der Sexualität zuschrieb, habe »am Schlaf der Welt
gerührt« und ihn in fast vollständige Isolation getrieben[4],
stimmt so nicht.[5] Bei Erscheinen der *Drei Abhandlungen* gab es
nämlich keineswegs nur Kritik und moralische Entrüstung, son-

dern auch enthusiastische Zustimmung. In Karl Kraus' Zeitschrift *Die Fackel* etwa, die damals noch einen der Psychoanalyse freundlich gesonnenen Kurs steuerte, rezensierte Otto Soyka neben August Forels im selben Jahr erschienenem Buch *Die sexuelle Frage* auch die *Drei Abhandlungen* »von Professor Dr. Sigmund Freud« und kam zu dem denkwürdigen Schluß, daß in dem Maße, wie Forel »unter dem Niveau der heute erreichten Wissenschaftlichkeit auf sexuellem Gebiet« stehe, Freud darüberstehe.[6] Auch in einigen anderen Presseorganen wurden die *Drei Abhandlungen* durchaus wohlwollend aufgenommen.

Freud war weder der erste noch der einzige Sexualwissenschaftler seiner Zeit. An der Schwelle vom 19. zum 20. Jahrhundert publizierten Richard von Krafft-Ebing, Henry Havelock Ellis, Iwan Bloch, Magnus Hirschfeld, Albert Mohl und Sanford Bell zahlreiche Studien, die sich mit dem Schicksal der menschlichen Sexualität befaßten. Neben diesen seriösen wissenschaftlichen Arbeiten gab es eine Vielzahl halb- und unwissenschaftlicher Werke über Sadismus, Masochismus und Homosexualität, über als pervers und pathologisch geltende Sexualpraktiken, über Bordellhäuser und andere verrufene Vergnügungsstätten, die unterm Ladentisch, vielfach als Privatdrucke, verkauft wurden.

Das Neue, ja Revolutionäre von Freuds *Drei Abhandlungen zur Sexualtheorie* bestand also nicht darin, daß sie sich des sexuellen Themas annahmen. Weder war Freuds These von der fundamentalen Bisexualität des Menschen originell noch die von der Existenz frühkindlicher Sexualität. Originell und revolutionär war Freud vielmehr darin, daß er die Erkenntnisse der zeitgenössischen Sexologie neu ordnete, verknüpfte und bewertete und deren grundlegende Bedeutung für die menschliche Existenz herausstellte. Indem er aufgrund seiner therapeutischen Erfahrungen mit neurotischen Patienten einen Zusammenhang herstellte zwischen kindlicher Sexualität – die er als »polymorph pervers« qualifizierte[7] – und jener der sogenannten Perversen wie auch zwischen der Sexualität des »normalen« Erwachsenen und der des neurotischen, gelang es ihm, das Sexuelle gleichsam zu entzerren und zu entpathologisieren. Freud stellte nicht nur die immer noch konventionelle Meinung in Frage, Kinder seien »unschuldig«, d.h. frei von sexuellen Trieben; er ignorierte auch die Trennung zwischen normalem und pathologischem Verhalten, zwischen geistiger Gesundheit und Krankheit. Auch in späteren Schriften hat Freud immer wieder darauf insistiert, daß der Übergang zwischen Perversion, Neurose und Gesundheit fließend sei, daß es keine klar definierte Grenze zwischen ihnen gebe, daß »der Keim des Unaussprechlichen auch in der Psyche des Anständigsten verborgen« ruhe.[8]

Gegen Ende der ersten Abhandlung, die den Titel »Die sexuellen Abirrungen« trägt, notiert Freud: »Durch den Nachweis der perversen Regungen als Symptombildner bei den Psychoneurosen haben wir die Anzahl der Menschen, die man den Perversen zurechnen könnte, in ganz außerordentlicher Weise gesteigert. Nicht nur, daß die Neurotiker selbst eine sehr zahlreiche Menschenklasse darstellen, es ist auch in Betracht zu ziehen, daß die Neurosen von allen ihren Ausbildungen her in lückenlosen Reihen zur Gesundheit abklingen. [...] Nun bietet sich uns die Entscheidung, daß den Perversionen allerdings etwas Angeborenes zugrunde liegt, aber etwas, *was allen Menschen angeboren* ist, als Anlage in seiner Intensität schwanken mag und der Hervorhebung durch Lebenseinflüsse wartet. Es handelt sich um angeborene, in der Konstitution gegebene Wurzeln des Sexualtriebes, die sich in der einen Reihe von Fällen zu den wirklichen Trägern der Sexualtätigkeit entwickeln (Perverse), andere Male eine ungenügende Unterdrückung (Verdrängung) erfahren, so daß sie auf einem Umweg als Krankheits-symptome einen beträchtlichen Teil der sexuellen Energie an sich ziehen können, während sie in den günstigsten Fällen zwischen beiden Extremen durch wirksame Einschränkung und sonstige Verarbeitung das sogenannte normale Sexualleben entstehen lassen.«[9]

In den *Drei Abhandlungen* entwickelte Freud – übrigens in einer nüchternen, klinisch trockenen Sprache, keineswegs mit dem Gestus eines Sexualrevolutionärs – Gedanken, die im bigotten Klima des kontinentalen Spätviktorianismus anstößig wirken mußten, heute freilich vielfach Gemeingut sind. Seine These etwa, Homosexualität sei häufig das Resultat einer Erziehung, in deren Verlauf »die später Invertierten [...] eine Phase von sehr intensiver, aber kurzlebiger Fixierung an das Weib (meist an die Mutter) durchmachen« und in der ein starker Vater fehlt[10], ist von der modernen Homosexualitätsforschung mehr als einmal empirisch bestätigt worden. Auch die seinerzeit schockierende Behauptung der Existenz frühkindlicher Sexualität erscheint hundert Jahre später als so selbstverständlich, daß man die Empörung vieler Zeitgenossen Freuds kaum noch nachvollziehen kann. In dieser Hinsicht sind die *Drei Abhandlungen,* anders als z.B. die fünf Jahre früher veröffentlichte *Traumdeutung,* heute tatsächlich veraltet.[11]

Freuds Interesse bestand darin, den Anteil der Sexualität bei der Entstehung von Neurosen zu erkunden.[12] Schon früh, vor der Geburtsstunde der Psychoanalyse, war er auf die Rolle gestoßen, welche die Sexualität für die Neurosenätiologie spielt. Ursprünglich hatte er aus zahlreichen Berichten seiner Patient(inn)en geschlossen, daß sexuelle Verführung im Kindesalter durch Gleichaltrige oder durch erwachsene Personen die Ursache späterer neurotischer Störungen sei.[13] Die Annahme, daß neurotischen Symptomen eine traumatische Szene in der Kindheit (sexueller Mißbrauch, Vergewaltigung) zugrunde liege, hat Freud später zwar nicht völlig verworfen, aber doch entscheidend modifiziert, wie er in dem berühmt gewordenen Brief vom 21. September 1897 an den Freund Wilhelm Fließ mitgeteilt hat, in dem er sich von der »Verführungstheorie« distanzierte.[14] Die Entdeckung einer autonomen kindlichen Sexualität, einer »konstitutionellen sexuellen Anlage des Kindes«[15], die keines äußeren, akzidentellen Anlasses – z.B. einer realen Traumatisierung – bedarf, um geweckt oder gar erzeugt zu werden, relativierte die Verführungstheorie und bekräftigte die Annahme, daß »die neurotischen Symptome nicht direkt an wirkliche Erlebnisse anknüpften, sondern an Wunschphantasien, und daß für die Neurose die psychische Realität mehr bedeute als die materielle«[16].

Die Entdeckung der kindlichen Sexualität als einer autonomen, konstitutionell verankerten Größe, wie sie Freud in der zweiten Abhandlung (»Die infantile Sexualität«) vorführte, war für die wissenschaftliche Grundlegung der Psychoanalyse und deren weitere Entwicklung von nicht zu unterschätzender Bedeutung. War es doch durch diese Entdeckung notwendig geworden, die Sexualität von der Genitalität zu lösen und ihr so einen Umfang zuzusprechen, der die herkömmliche Auffassung des Sexuellen in Frage stellte und es zugleich erlaubte, die Illusion von der Monstrosität kindlicher und perverser Sexualität zu zerstören. »Die Loslösung der Sexualität von den Genitalien hat den Vorteil, daß sie es uns gestattet, die Sexualbetätigung der Kinder und der Perversen unter dieselben Gesichtspunkte zu bringen wie die der normalen Erwachsenen, während die erstere bisher völlig vernachlässigt, die andere zwar mit moralischer Entrüstung, aber ohne Verständnis aufgenommen wurde.«[17]

Was versteht Freud unter infantiler Sexualität? Die kindliche Sexualität zeigt sich in all jenen Ausdrucksformen der Lustbefriedigung, die nicht unter dem Diktat der Genitalität stehen. Freud zufolge kommen für die Befriedigung der kindlichen Sexualität die verschiedensten Körperzonen (erogene Zonen) wie Lippen, Zunge und andere berührungsempfindliche Stellen des Körpers in Betracht. Wichtig ist, daß der Trieb primär nicht auf Objekte, d.h. auf andere Personen gerichtet ist, sondern sich am eigenen Körper befriedigt, also autoerotisch orientiert ist[18], wie überhaupt der sexuelle Trieb kein a priori »natürliches« Objekt kennt. Die Partialtriebe, wie Freud die nicht genital zentrierten sexuellen Strebungen bezeichnet, führen beim Kind (und beim Perversen), so könnte man sagen, ein Eigenleben, sie stehen noch nicht im Dienste erwachsener, auf Objekte und Lebenserhaltung bezogener Funktionen. Die polymorph perverse Sexualität des Kindes – die Freud in der zeitlichen Folge oraler, analer und phallischer Fixierungen sieht – kommt in einer enormen Variationsbreite sexueller Betätigungen und Ausdrucksmöglichkeiten zum Vorschein, die sich weder einem natürlichen Objekt noch einem natürlichen Zweck zuordnen lassen.

Was die Zeitgenossen Freuds irritierte und empörte, war gewiß nicht nur die Tatsache, daß er den Mythos von der sexuellen »Unschuld« des Kindes gründlich destruierte – das hatten vor Freud schon andere zumindest begonnen. Es war vielmehr auch der Umstand, daß er in den *Drei Abhandlungen* und in der ein Jahr später veröffentlichten Schrift *Meine Ansichten über die Rolle der Sexualität in der Ätiologie der Neurosen* eine »einfache Verknüpfung zwischen Gesundheit, Perversion und Neurose« herstellte[19], so daß das sexuell Anstößige und das Pathologische jetzt nicht mehr bequem als das schlechthin »Andere« des Normalen diskriminiert und ausgegrenzt werden konnte. Freud zeigte, daß jegliche Sexualität, auch die »normale«, auf dem Grund der kindlichen Sexualität und ihrer Polymorphie ruht, daß ein Stück des sexuellen Infantilismus auch beim Erwachsenen fortbesteht und daß es das Resultat eines Gedächtnisschwundes ist, wenn »den meisten Menschen [...] die ersten Jahre ihrer Kindheit bis zum 6. oder 8. Lebensjahre verhüllt« bleiben.[20] Auch die Sexualität des normalen Erwachsenen konstituiert sich auf der Grundlage der Partialtriebe; was sie zur »normalen« Sexualität macht, ist lediglich die Art und Weise, wie sie die Partialtriebe beherrscht und integriert. »Die Norm ergab sich aus der Verdrängung gewisser Partialtriebe und Komponenten der infantilen Anlagen und der Unterordnung der übrigen unter das Primat der Genitalzonen im Dienste der Fortpflanzungsfunktion; die Perversionen entsprachen Störungen dieser Zusammenfassung durch die übermächtige zwangsartige Entwicklung einzelner dieser Partialtriebe, und die Neurose führte sich auf eine zu weitgehende Verdrängung der libidinösen Strebungen zurück. Da fast alle perversen Triebe der infantilen Anlage als symptombildende Kräfte bei der Neurose nachweisbar sind, sich aber bei ihr im Zustand der Verdrängung befinden, konnte ich die Neurose als das ›Negativ‹ der Perversion bezeichnen.«[21]

Es ist das Schicksal der Partialtriebe, das ein Individuum zum Normalen, zum Neurotiker oder zum Perversen macht. Gelingt es dem Individuum im Zuge seiner psychosexuellen Entwicklung, den Infantilismus des Sexuellen so weit zu bemeistern, daß der Primat der Genitalität nicht gefährdet ist, kommt ihm das Attribut »normal« zu. Reagiert es auf die unabweisbaren Strebungen der Partialtriebe mit übergroßer Unterdrückung des Sexuellen überhaupt, qualifiziert sich ein solches Individuum als neurotisch. Bleibt es schließlich auf eine frühe Stufe der psychosexuellen Entwicklung fixiert oder kehrt es auf sie zurück (Regression), so nennt man dieses Individuum pervers. Freud betont immer wieder, daß derlei Qualifikationen keine moralischen Bewertungen implizieren, unterscheiden sich für ihn die drei Entwicklungsmöglichkeiten doch nur graduell voneinander. Perversion, Neurose und Gesundheit sind nicht drei verschiedene Gebäude, sondern drei Zimmer im selben Haus, die durch Türen miteinander verbunden sind. Deshalb konnte Freud auch sagen, daß im Sinne der Psychoanalyse, der a priori nichts als »normal« und »natürlich« gilt, »auch das ausschließlich sexuelle Interesse des Mannes für das Weib ein der Aufklärung bedürftiges Phänomen und keine Selbstverständlichkeit« sei.[22]

Die »perversen« Triebe, die sexuellen Infantilismen, gehen auch beim nicht neurotischen und nicht perversen Individuum niemals ganz in jenen Resultaten auf, die man als normale Sexualität zu bezeichnen pflegt. Es bleibt stets ein Rest übrig, der sich mehr oder minder stark geltend machen kann. Wenn das Individuum auf diesen Perversionsrest mit Schamgefühlen, Ekel oder mit, wie Freud schreibt, »ästhetischen und moralischen Idealanforderungen« antwortet[23], wenn es also jenen »Rest« nicht sexuell auslebt, sondern sublimatorisch verarbeitet und umformt, entsteht *Kultur*. Kultur ist Freud zufolge das Ergebnis der individuellen wie kollektiven Anstrengung, den perversen Regungen des niemals völlig zu unterdrückenden sexuellen Infantilismus durch Reaktionsbildung entgegenzutreten. Die Fähigkeit zu solcher Reaktionsbildung entwickelt das Individuum in der sexuellen Latenzperiode, also zwischen dem fünften oder sechsten Lebensjahr (dem Zeitpunkt des Untergangs des Ödipuskomplexes) und dem Beginn der Pubertät. Die polymorph perverse Triebstruktur des Kindes, die durch Reaktionsbildung gewissermaßen unschädlich gemacht wird, gibt so die Basis für jede kulturelle Leistung ab – ohne die Anomie der Partialtriebe und die Notwendigkeit ihrer Domestikation keine Kultur: »Die Kulturhistoriker scheinen einig in der Annahme, daß durch solche Ablenkung sexueller Triebkräfte von sexuellen

Zielen und Hinlenkungen auf neue Ziele, ein Prozeß, der den Namen *Sublimierung* verdient, mächtige Komponenten für alle kulturellen Leistungen gewonnen werden.«[24]

Der Stoff, aus dem die Gebilde der hohen und niedrigen Kultur gefertigt sind, ist nach Freud derselbe wie der, aus dem die neurotischen Symptome entstehen. Kultur ist deshalb auch nichts, das es als Leistung eines autonomen schöpferischen Geistes zu idealisieren gilt, vielmehr Produkt der überlebensnotwendigen Anstrengung, der Anarchie des sexuellen Infantilismus mit Erfolg zu begegnen. An Werk und Gestalt Thomas Manns, der wie kein zweiter Schriftsteller des 20. Jahrhunderts eine tiefe Affinität zur Freudschen Psychoanalyse bezeugt hat, läßt sich der existenz- und kulturnotwendige Kampf zwischen Perversion und Sublimation geradezu klassisch nachweisen. Thomas Manns schriftstellerische Arbeit kann als der erfolgreiche Versuch gelten, den sexuellen Infantilismus, ohne dessen Existenz irgend zu leugnen, sublimatorisch in eine sozial prämiierte Gestalt zu transformieren, ihn dergestalt zuzulassen und zugleich zu bändigen.[25]

Auch wenn Freud den Fortschritt der Kultur, die Bemeisterung sexueller Strebungen durch die Kräfte des Intellekts letztlich für unverzichtbar hielt, so wäre es doch ein Mißverständnis zu glauben, er habe sich umstandslos zum Sachwalter der herrschenden Kultur seiner Zeit und deren sexueller Repression gemacht. Freud war ganz im Gegenteil der Ansicht, daß die auf starren Konventionen und hartnäckigen Vorurteilen beruhende Sexualmoral der Gesellschaft, deren scharfsichtiger Analytiker er war, Quelle massenhaften individuellen Leidens sei. In seiner 1908 in der Zeitschrift *Mutterschutz* publizierten Schrift *Die »kulturelle« Sexualmoral und die moderne Nervosität* plädierte er deshalb dafür, »ein gewisses Maß von individueller Glücksbefriedigung unter die Ziele unserer Kulturentwicklung aufzunehmen«[26]. Die von der Gesellschaft geforderte voreheliche sexuelle Abstinenz führe nicht zu mehr Kulturarbeit, sondern bei vielen Menschen zu nervösen Störungen, zu Impotenz und Frigidität. »Im allgemeinen«, schreibt Freud, »habe ich nicht den Eindruck gewonnen, daß die sexuelle Abstinenz energische, selbständige Männer der Tat oder originelle Denker, kühne Befreier und Reformer heranbilden helfe, weit häufiger brave Schwächlinge, welche später in die große Masse eintauchen.«[27] Und was die Frauen betreffe, so sei »die unzweifelhafte Tatsache [ihrer] intellektuellen Inferiorität« nicht der Ausdruck eines »physiologischen Schwachsinns des Weibes«, wie der Titel eines vielgelesenen und vieldiskutierten Buches des Geschlechtsmetaphysikers P. J. Moebius aus dem Jahre 1903 hieß, vielmehr Resultat einer Denkhemmung, die auf sexuelle Repression zurückzuführen sei.[28]

Freuds sexualtheoretische Schriften, die er im ersten Jahrzehnt des 20. Jahrhunderts veröffentlichte, zählen, auch wenn uns vieles davon heute als obsolet oder selbstverständlich erscheint, zu den großen Werken der Mythen- und Illusionszertrümmerung. Sie haben ihre aufrührende Wirkung insofern behalten, als sie es nicht länger erlauben, den Menschen dualistisch zu fassen, als ein Wesen, das aus einer »guten« und einer »bösen«, aus einer rationalen und einer animalischen Hälfte besteht. Die Blumen des Bösen können nicht mehr ins Getto des Abartigen und Krankhaften, des Infantilen und Perversen verbannt werden – sie blühen überall und jederzeit. Die kulturellen Werte, die zivilisatorischen Errungenschaften sind nicht die reinen Gegenbilder des Schrecklich-Abgründigen, sondern bloß dessen Vexierbild. Wir wissen nie genau, wo »Kultur« endet (oder beginnt) und wo ihr »Anderes«, das Beunruhigende und Destruktive, beginnt (oder endet). Insofern behalten Freuds Beiträge zur Sexualtheorie ihre herausfordernde Aktualität.

3. Der Preis der Wahrhaftigkeit: Zeitgemäßes über Krieg und Tod

Freud hat seine Neigung zu philosophischer Spekulation, zu weitausholendem Nachdenken über die Grundvoraussetzungen und -bedingungen menschlicher Existenz nie verleugnet. Sein ursprüngliches Ziel sei die Philosophie, teilt er Fließ in seinem Neujahrsbrief 1896 mit.[1] Und im April desselben Jahres schreibt er, als junger Mann habe er »keine andere Sehnsucht gekannt als die nach philosophischer Erkenntnis. [...] Therapeut bin ich wider Willen geworden.«[2] Noch als alter Mann bemerkt er, er sei »nie ein therapeutischer Enthusiast« gewesen[3], und die Psychoanalyse empfehle er nicht als Therapie, »sondern wegen ihres Wahrheitsgehalts, wegen der Aufschlüsse, die sie uns gibt über das, was dem Menschen am nächsten geht, sein eigenes Wesen, und wegen der Zusammenhänge, die sie zwischen den verschiedensten seiner Betätigungen aufdeckt«[4].

Bei Ausbruch des Ersten Weltkrieges hatte Freud, der zunächst wie so viele seiner Zeitgenossen sich von patriotischem Kriegstaumel hatte ergreifen lassen, allen Grund, über die neue Situation, die durch das Gemetzel auf den Schlachtfeldern Europas entstanden war, besorgt zu sein. Eine Epoche des Friedens und äußerer Saturiertheit, die auch eine zwar langsam, aber stetig wachsende Wirkung der Psychoanalyse mit sich gebracht und die Jahre von Freuds »splendid isolation«[5] beendet hatte – 1910 war die *Internationale Psychoanalytische Vereinigung* aus der Taufe gehoben worden –, hatte im Sommer 1914 ihren abrupten Abschluß gefunden. Der verbreitete optimistische

Glaube, die europäischen Völker würden auf dem Wege friedlichen Fortschritts und vernünftiger Vereinbarungen ihre Konflikte lösen können, hatte sich als trügerisch erwiesen. Auch für die Entwicklung der Psychoanalyse bedeutete der Kriegsausbruch einen empfindlichen Einschnitt. Schon in den Jahren zuvor, zwischen 1911 und 1914, waren drei seiner wichtigsten Anhänger, Alfred Adler, Wilhelm Stekel und C.G. Jung, von Freud abgefallen – besonders der Bruch mit Jung kränkte ihn tief. 1914 sah sich Freud wieder zunehmend isoliert, zumal viele seiner Schüler und Anhänger zur Armee einberufen wurden und seine Kontakte zum Ausland unterbrochen waren.

Über die pessimistische Stimmung, in der er sich befand, gibt ein Brief an Lou Andreas-Salomé vom November 1914 Auskunft: »Ich zweifle nicht daran, daß die Menschheit auch diesen Krieg verwinden wird, aber ich weiß sicher, daß ich und meine Altersgenossen die Welt nicht mehr froh sehen werden. Es ist zu garstig; das Traurigste daran aber, daß es gerade so ist, wie wir uns nach den von der Psychoanalyse geweckten Erwartungen die Menschen und ihr Benehmen vorstellen sollten. [...] Mein geheimer Beschluß war: da wir die gegenwärtig höchste Kultur nur mit einer enormen Heuchelei behaftet sehen, so taugen wir organisch nicht für diese Kultur. Wir haben abzutreten, und der oder das große Unbekannte hinter dem Schicksal wird ein solches Kulturexperiment einmal mit einer anderen Rasse wiederholen.«[6]

Es ist dies ein Ton, der in Freuds späten Schriften regelmäßig wiederkehren wird – ein Ton, der das Scheitern der Kultur, die Unvereinbarkeit von menschlicher Triebausstattung und Kulturanforderungen beschwört und der von einer an Schopenhauer anklingenden Düsternis kündet. Im Brief des knapp Sechzigjährigen an Lou Andreas-Salomé sind all jene kulturskeptischen Motive enthalten, die er im hohen Alter breit entfalten wird.

Die 1915 veröffentlichte Schrift *Zeitgemäßes über Krieg und Tod* ist Freuds erste große Antwort auf das psychologische Rätsel des Krieges, auf die Tatsache sinnloser Massenschlächtereien und ungehemmter kollektiver Aggressionshandlungen. In dieser Schrift resümiert Freud die »Enttäuschung«, die der Krieg beim zivilisierten Individuum unvermeidlich hervorbringe. »Er ist nicht nur blutiger und verlustreicher als einer der Kriege vorher, infolge der mächtig vervollkommneten Waffen des Angriffs und der Verteidigung, sondern mindestens ebenso grausam, erbittert, schonungslos wie irgend ein früherer. [...] Er zerreißt alle Bande der Gemeinschaft unter den miteinander ringenden Völkern und droht eine Erbitterung zu hinterlassen, welche eine Wiederanknüpfung derselben für lange Zeit unmöglich machen wird.«[7] Das Enttäuschende und Beunruhigende am Krieg sei, daß er die Tötungshemmung, die die Kultur vom einzelnen in normalen Zeiten verlangt, aufhebe, daß der moderne Staat, der das Gewaltmonopol an sich gerissen hat und kraft dessen den Individuen Gewaltanwendung untersagt, jetzt zur Gewalt aufrufe.

Freilich relativiert Freud jene Enttäuschung umgehend. Strenggenommen sei die Enttäuschung des »Kulturweltbürgers« (dem Freud sich ohne Zweifel zurechnet) im Angesicht des Krieges und der in ihm verübten Grausamkeiten grundlos, da sie auf der illusionären Annahme basiere, der zivilisierte Mensch sei gegen Rückfälle in die Barbarei gefeit. »Illusionen empfehlen sich uns dadurch, daß sie Unlustgefühle ersparen und uns an ihrer Statt Befriedigung genießen lassen.«[8] Eine Illusion sei es, zu glauben, »daß die bösen Neigungen des Menschen in ihm ausgerottet und unter dem Einflusse von Erziehung und Kulturumgebung durch Neigungen zum Guten ersetzt werden«[9]. In Wirklichkeit aber, behauptet der Psychologe des Unbewußten, ist das Böse in uns nicht aus der Welt zu schaffen, da es elementarer Natur sei und allenfalls durch Hemmung, d.h. durch Umbildung in sozial geforderte oder anerkannte Gestalten, gebändigt werden könne.

Charakteristisch für Freuds Denken ist, daß er in seiner Schrift den Aggressions- und Grausamkeitsexzessen des Krieges nicht mit moralischer Empörung und Verurteilung oder mit gutgemeinten humanitären Parolen entgegentritt, sondern, wenn man so will, mit Verständnis. Wenn sich die bestehende Kultur nur dadurch erhalten kann, daß sie die Menschen zu Triebverzicht und Triebunterdrückung bzw. zur Verleugnung ihrer aggressiven Neigungen – und somit, wie Freud sich ausdrückt, zur »Kulturheuchelei«[10] – zwingt, dann ist diese Kultur auf Sand gebaut. Denn »die primitiven, wilden und bösen Impulse der Menschheit [sind] bei keinem Einzelnen verschwunden«, sondern bestehen fort, »wenngleich verdrängt, im Unbewußten«[11]; sie können deshalb jederzeit wiederkehren und das kunstvoll errichtete Gebäude dessen, was Kultur heißt, zum Einsturz bringen. »Seitdem wir auch tolle und verworrene Träume zu übersetzen verstehen, wissen wir, daß wir mit jedem Einschlafen unsere mühsam erworbene Sittlichkeit wie ein Gewand von uns werfen – um es am Morgen wieder anzutun.«[12] Den Krieg deutet Freud, analog dem Traumvorgang, als Regression auf eine psychisch primitivere Stufe oder auch: als Wiederkehr des Verdrängten.

Wie in der *Traumdeutung,* wie in den *Drei Abhandlungen zur Sexualtheorie* geht es Freud auch in *Zeitgemäßes über Krieg und Tod* darum, den kulturell domestizierten Individuen die Illusion von ihrer primären »Kultureignung«[13] zu rauben und sie darüber zu belehren, »daß wir Unrecht daran tun, unsere Intelligenz als selbständige Macht zu schätzen und ihre Abhängigkeit vom Gefühlsleben zu übersehen«[14]. In der Tradition der Naturphilosophie des 19. Jahrhunderts, etwa derjenigen Schellings, die sich als Antwort auf die idealistische Hypertrophie aufgeklärter Vernunftreligionen begreift, diagnostiziert die Freudsche Philosophie eine relative Ohnmacht der Vernunft, ohne freilich dem Sog solcher Ohnmacht resignierend zu erliegen. Was Odo Marquard im Blick auf das Gemeinsame von Schelling und Freud »Ermächtigung der Natur« nennt[15], bedeutet, daß der Intellekt – jenes Organ, auf das der Kulturmensch so stolz ist, weil es ihn vom Tier unterscheidet – als »Spielball und Werkzeug unserer Triebneigungen und Affekte«[16] qualifiziert, also depotenziert wird. »Die psychoanalytische Erfahrung«, schreibt Freud, »kann alle Tage zeigen, daß sich die scharfsinnigsten Menschen plötzlich einsichtslos wie Schwachsinnige benehmen, sobald die verlangte Einsicht einem Gefühlswiderstand bei ihnen begegnet.«[17]

Freud, dem es in seinen Gedanken über den Krieg und dessen psychologische Motive nicht um Rationalisierung des prima vista Unerklärlichen oder gar um Trost zu tun ist, sondern um »etwas mehr Wahrhaftigkeit und Aufrichtigkeit allerseits«[18], hat bei Gelegenheit dargetan, warum die Einsichten der Psychoanalyse bei so vielen Menschen auf Widerstand stoßen. In der kleinen Schrift *Eine Schwierigkeit der Psychoanalyse,* die er gegen Ende des Ersten Weltkriegs veröffentlichte, spricht Freud von drei schweren Kränkungen, die der menschliche Narzißmus habe hinnehmen müssen. Die erste Kränkung sei die kosmologische, eingeleitet durch Kopernikus, der gezeigt habe, daß die bevorzugte Stellung der Erde und also des Menschen im Weltall eine Fiktion sei. Die zweite narzißtische Kränkung, die biologische, sei von Darwin ausgegangen, der betont habe, daß der Homo sapiens »nichts anderes und nichts Besseres als die Tiere« sei, »er ist selbst aus der Tierreihe hervorgegangen«[19]. Die dritte und schwerste Kränkung schließlich, die psychologische, sei, wie Freud nicht ohne Selbstbewußtsein anmerkt, die Psychoanalyse, denn sie habe nachgewiesen, auf welch schwankendem

Grund der menschliche Intellekt stehe und daß das Ich – Inbegriff der Selbstmächtigkeit des Subjekts – »nicht Herr sei in seinem eigenen Hause«[20]. Schon bedeutende Philosophen vor ihm, »vor allem der große Denker Schopenhauer«, hätten die subversive Gewalt unbewußter Triebregungen hervorgehoben. »Die Psychoanalyse hat nur das eine voraus, daß sie die beiden dem Narzißmus so peinlichen Sätze von der psychischen Bedeutung der Sexualität und von der Unbewußtheit des Seelenlebens nicht abstrakt behauptet, sondern an einem Material erweist, welches jeden einzelnen persönlich angeht und seine Stellungnahme zu diesen Problemen erzwingt. Aber gerade darum lenkt sie die Abneigung und die Widerstände auf sich, welche den großen Namen des Philosophen noch scheu vermeiden.«[21]

Der gefühlsmäßige und intellektuelle Widerstand gegen die Psychoanalyse hat seine tiefste Wurzel darin, daß sie an ein Tabu rührt, das zu den bestgehüteten der modernen Kultur zählt: das Tabu des Todes. Im zweiten Teil von *Zeitgemäßes über Krieg und Tod* erörtert Freud die enorme narzißtische Kränkung, die mit einer nicht durch kulturelle Konventionen bestimmten Einstellung zum Tod verbunden ist. Konventionell sei die Haltung, den Tod wie selbstverständlich ins Kalkül einzubeziehen, zu konzedieren, »daß der Tod der notwendige Ausgang alles Lebens sei, daß jeder von uns der Natur einen Tod schulde und vorbereitet sein müsse, die Schuld zu bezahlen«[22]. Interessanterweise stellt Freud zunächst also nicht die häufig gehörte These auf, der moderne Kulturmensch verdränge den Tod aus seinem Bewußtsein; vielmehr behauptet er genau umgekehrt, das Bewußtsein von der Unausweichlichkeit des Todes gehöre zum Inventar der gegenwärtigen Kultur – die Individuen haben sich restlos aufgeklärt, auch über das Faktum des Todes.

Solche Aufgeklärtheit ist Freud zufolge aber nur vordergründig. Hinter dieser Fassade »pflegten wir uns [...] zu benehmen, als ob es anders wäre«[23]. Der Tod werde aus dem Leben verbannt, totgeschwiegen, als gäbe es ihn nicht. Was aber verbirgt sich, triebtheoretisch betrachtet, hinter solcher Einstellung? Erstens, schreibt Freud, glaube das menschliche Unbewußte nicht an den eigenen Tod, »es gebärdet sich wie unsterblich. Was wir unser ›Unbewußtes‹ heißen, die tiefsten, aus Triebregungen bestehenden Schichten unserer Seele, kennt überhaupt nichts Negatives, keine Verneinung – Gegensätze fallen in ihm zusammen – und kennt darum auch nicht den eigenen Tod, dem wir nur einen negativen Inhalt geben können. Dem Todesglauben kommt also nichts Triebhaftes in uns entgegen.«[24] Die rationale Überzeugung von der eigenen Endlichkeit stellt sich insofern als kulturelle Rationalisierung bzw. Intellektualisierung dar, die sich vom Triebgrund gelöst hat und darum unaufrichtig ist. Der Raucher – Freud selber hat dem Laster des Zigarrenrauchens zeitlebens und intensiv gefrönt – kennt sehr wohl den Zusammenhang zwischen Rauchen und Krebs, gleichwohl kennt er ihn nicht wirklich, glaubt er doch im Innersten daran, daß er nicht an Krebs erkranken werde.

Zweitens behauptet Freud, daß auch das ethisch begründete Tötungsverbot zu den Selbsttäuschungen und Selbstbeschwichtigungen der modernen Kultur gehöre; es sei eine Illusion, aus der »Frühzeitigkeit und Eindringlichkeit des Mordverbotes« als verbindliche kulturelle Einstellung zu schließen, der Mensch sei im Grunde friedlich, er habe das Verbot zu töten völlig internalisiert. »Ein so starkes Verbot kann sich nur gegen einen ebenso starken Impuls richten. [...] Gerade die Betonung des Gebotes: Du sollst nicht töten, macht uns sicher, daß wir von einer unendlich langen Generationsreihe von Mördern abstammen, denen die Mordlust, wie vielleicht noch uns selbst, im Blute lag.«[25] Der Krieg, merkt Freud lapidar an, bringe es schließlich an den Tag: »Er streift uns die späteren Kulturauflagerungen ab und läßt den Urmenschen« – dessen seelische Physiognomik Freud in einem seiner spekulativsten und umstrittensten Werke, in *Totem und Tabu*, entworfen hat[26] – »in uns wieder zum Vorschein kommen.«[27] Das Individuum dürfe seinem dunkelsten Triebimpuls nachgeben und den Fremden bzw. den Feind ohne Reuegefühle vernichten; und so, fügt Freud hinzu, werde das Leben »freilich wieder interessant« und gewinne »seinen vollen Inhalt« zurück, den es zuvor, in der Zeit friedlichen Zusammenlebens der Völker und unter der Herrschaft der Illusion von der Vernunftbestimmtheit der Gattung, verloren hat.

Die furchtbarste Kränkung der menschlichen Eigenliebe sieht Freud aber darin, daß wir den Tod uns nahestehender, geliebter Menschen nicht ambivalenzfrei erleben können. Die Gefühlsambivalenz kommt dadurch zustande, daß die geliebte Person einerseits Teil von uns selbst, »innerer Besitz« ist (weshalb sie der Logik des Unbewußten gemäß unsterblich ist), daß sie andererseits Nicht-Ich, ein Fremdes oder gar Feindliches ist (das der Logik des Unbewußten gemäß vernichtet werden darf). An einem Witz demonstriert Freud den Gefühlsknoten von Erhaltung und Vernichtung, von Liebe und Haß: Der Ehemann sagt zu seiner Frau: »Wenn einer von uns beiden stirbt, übersiedle ich nach Paris.« In Gestalt des Witzes, dem Freud in einer berühmten Schrift eine intime Beziehung zum Unbewußten nachgesagt hat[28], gibt sich die ambivalente Haltung des Mannes zu seiner Frau zu erkennen; freilich tritt der Todeswunsch nur kaschiert auf die Bühne des Bewußtseins. In dem von der Psychoanalyse aufgedeckten Ambivalenzkonflikt, der vor dem Bewußtsein in der Regel streng verborgen werden muß, erkennt Freud die schärfste Provokation der kulturell herrschenden Einstellung zum Tod.

Etwas überspitzt könnte man sagen, der Erste Weltkrieg mit seinen Massakern habe Freud die Gelegenheit geboten, unser

Verhältnis zu Aggression und Tod einer radikalen Kritik zu unterwerfen und die eher pessimistischen Wahrheiten der Psychoanalyse an einem spektakulären (wenn auch moralisch höchst zweifelhaften) »Gegenstand« der Mitwelt vorzuführen. Tatsächlich geht Freud am Schluß von *Zeitgemäßes über Krieg und Tod* so weit, den Krieg, den er für unvermeidlich hält, »solange die Existenzbedingungen der Völker so verschieden und die Abstoßungen unter ihnen so heftig sind«[29], gleichsam als Katalysator zu preisen, welcher der »Kulturheuchelei« ein Ende macht und eine aufrichtigere Einstellung zu unseren unbewußten Triebstrebungen erzwingt. »Sollen wir nicht zugestehen, daß wir mit unserer kulturellen Einstellung zum Tode psychologisch wieder einmal über unseren Stand gelebt haben, und vielmehr umkehren und die Wahrheit fatieren? Wäre es nicht besser, dem Tod den Platz in der Wirklichkeit und in unseren Gedanken einzuräumen, der ihm gebührt, und unsere unbewußte Einstellung zum Tode, die wir bisher so sorgfältig unterdrückt haben, ein wenig mehr hervorzukehren? Es scheint das keine Höherleistung zu sein, eher [...] eine Regression, aber es hat den Vorteil, der Wahrhaftigkeit mehr Rechnung zu tragen und uns das Leben wieder erträglicher zu machen. Das Leben zu ertragen, bleibt ja doch die erste Pflicht aller Lebenden. Die Illusion wird wertlos, wenn sie uns darin stört.«[30]

Es mag befremdlich erscheinen, mit welcher Kaltblütigkeit, ja moralischen Indifferenz, in der so etwas wie bürgerliche Menschenverachtung mitschwingt, Freud den Phänomenen Krieg und Tod zu Leibe rückt. Aber diese jenseits von Gut und Böse sich gerierende Indifferenz und analytische Kälte des Tons sind der wohl unvermeidliche Preis für Freuds rücksichtslosen Wahrheitsanspruch, der auch die gröbste Beleidigung des vermeintlich aufgeklärten modernen Bewußtseins und der herrschenden Kulturillusionen nicht scheut, um die Verleugnung des Unbewußten zu konterkarieren. Mit der Unbedingtheit dieses Wahrheitsanspruchs, der auf die Dezentrierung eines seiner selbst mächtigen, vernünftigen Subjekts zielt, stellt sich Freud in die Reihe der großen Entlarvungsphilosophen der Neuzeit, zu denen etwa Machiavelli, Hobbes, Schelling, Schopenhauer, Marx und Nietzsche zählen.[31] Deren Lehren erinnern, auf allerdings ganz unterschiedliche Weise, daran, daß die Individuen nicht Subjekte, sondern Objekte ihres Schicksals und ihrer Geschichte sind, daß ihr individuelles und kollektives Leben undurchschauten Mächten und Gesetzen unterworfen ist, als deren bewußtlose Vollstrecker sie fungieren.

Die kulturellen Errungenschaften und institutionellen Ordnungen, die moralischen Normen und gesellschaftlichen Rationalisierungen bleiben für Freud in dem Maße fragwürdig, wie sie von den Menschen oder doch von der Mehrzahl der Menschen mit unangemessenem Glücks- und Triebverzicht, mit Unterwerfung unter falsche Autoritäten, mit Krankheit und Neurose quittiert werden müssen. »Solange die Heilkunst es nicht weiter gebracht hat, unser Leben zu sichern, und solange die sozialen Einrichtungen nicht mehr dazu tun, es erfreulicher zu gestalten, so lange kann die Stimme in uns, die sich gegen die Moralanforderungen auflehnt, nicht erstickt werden.«[32]

4. Das Rätsel des Lebens:
Jenseits des Lustprinzips

Am 14. Mai 1922 schrieb Freud dem österreichischen Dichter Arthur Schnitzler – dem er, wie er gestand, in einer »Art von Doppelgängerscheu« nie persönlich begegnet war – zu dessen 60. Geburtstag, er schätze seine deterministische Weltauffassung wie seine Skepsis, »Ihr Ergriffensein von den Wahrheiten des Unbewußten, von der Triebnatur des Menschen, Ihre Zersetzung der kulturell-konventionellen Sicherheiten«. Die Geburtstagsadresse, die eine tiefe Affinität zwischen dem Dichter und dem Psychologen beschwört, endet mit der nüchternen Feststellung: »Nur weiß ich, daß die Analyse kein Mittel ist, sich beliebt zu machen.«[1]

Tatsächlich hatte Freud zwei Jahre zuvor eine Schrift veröffentlicht, die selbst bei vielen seiner Anhänger und Bewunderer auf größtes Unverständnis gestoßen war. In dem unter dem dunklen Titel *Jenseits des Lustprinzips* publizierten Aufsatz hatte er nämlich eine neue Triebtheorie entwickelt, die den bisher gültigen Gegensatz von libidinösen Trieben auf der einen, Selbsterhaltungs- bzw. Ichtrieben auf der anderen Seite, von Lust- und Realitätsprinzip hinter sich ließ und einen Trieb jenseits des Lustprinzips kreierte – den Todestrieb. Diese neue und radikale Trieblehre, mit der Freud in ein wissenschaftliches Niemandsland vordrang, ist bei den meisten Analytikern bis heute unbeliebt geblieben und wird von ihnen in der Regel als eine spekulative Verirrung behandelt, die mit den übrigen Teilen der Freudschen Theorie nichts zu tun habe.[2]

Es ist viel darüber gerätselt worden, was Freud zur Aufstellung der Todestriebhypothese – und als Hypothese, die in mehr als einer Hinsicht angreifbar ist, muß man Freuds Gedanken wohl betrachten – bewogen haben könnte. Einige Autoren gehen davon aus, daß der Tod seiner 26jährigen, geliebten Tochter Sophie im Januar 1920 bei Freud, der inzwischen an der Schwelle zum Greisenalter stand, einen Schock ausgelöst haben könnte, der ihn zur Annahme eines Todestriebes führte. Freud selber, immer darauf bedacht, sein persönliches Schicksal von seiner wissenschaftlichen Forschungsarbeit säuberlich zu trennen, hat diesen Zusammenhang freilich dementiert, wie ein Brief vom 18. Juli 1920 an Max Eitingon bezeugt: »Das ›Jenseits‹ ist endlich fertig geworden. Sie werden bestätigen können, daß es halb fertig war, als Sophie lebte und blühte.«[3] Andererseits merkt sein Biograph Clark an, Freud habe den Begriff »Todestrieb« offenbar zum ersten Mal in einem nicht ganz drei Wochen nach dem Tod Sophies geschriebenen Brief an Eitingon gebraucht.[4]

Plausibel erscheint in jedem Fall die Annahme, daß Freuds revidierte Trieblehre das Resultat einer komplexen Verknüpfung von sehr persönlichen Erlebnissen, von klinischen Beobachtungen, wie der des Wiederholungszwangs, und von objektiven Zeitumständen war. Die in diesem Umfang bis dahin unbekannten Massaker des Ersten Weltkriegs, die jahrelange Sorge um seine Söhne, die im Felde standen, der fast gleichzeitige Tod der Tochter und eines nahen Freundes, die schwierigen und bedrückenden Lebensverhältnisse der Nachkriegszeit – all das muß auf Freud tief gewirkt haben. Aber es kommt noch etwas hinzu, was bei der Formulierung der Idee eines Todestriebes Pate gestanden haben könnte. In *Jenseits des Lustprinzips* findet sich eine Passage, in der Freud die psychologische Funktion preisgibt, die das Postulat des Todestriebes für seine persönliche

Auseinandersetzung mit dem Problem des Todes erfüllt: »Vielleicht haben wir uns dazu entschlossen, weil ein Trost in diesem Glauben liegt. Wenn man schon selbst sterben und vorher seine Liebsten durch den Tod verlieren soll, so will man lieber einem unerbittlichen Naturgesetz, der hehren *Ananke,* erlegen sein, als einem Zufall, der sich etwa noch hätte vermeiden lassen. Aber vielleicht ist dieser Glaube an die innere Gesetzmäßigkeit des Sterbens auch nur eine der Illusionen, die wir uns geschaffen haben, ›um die Schwere des Daseins zu ertragen‹.«[5] Einerseits entspricht der Glaube an die »Gesetzmäßigkeit des Sterbens« Freuds strengem psychologischem Determinismus, der keine Zufälle kennt; andererseits zeigt sich in dieser Äußerung sein unbestechlicher Wille zur Wahrhaftigkeit, der selbst noch die eigenen wissenschaftlichen Überzeugungen als mögliche Vehikel der Illusionsbildung und des Trostes zu demaskieren bereit ist.

Freud hat die in *Jenseits des Lustprinzips* entwickelten Gedanken selber als »Spekulation, oft weitausholende Spekulation« bezeichnet.[6] Allerdings hoffte er, daß er das, was ihm zunächst noch als hypothetisch und ungesichert erschien, auf Dauer fundieren könne und daß ihm Zustimmung nicht versagt bliebe – letzteres vergeblich, wie sich zeigen sollte. »Die Annahme des Todes- oder Destruktionstriebes«, heißt es in der 1930 erschienenen Schrift *Das Unbehagen in der Kultur,* in der Freud das Thema ein weiteres Mal entfaltet, »hat selbst in analytischen Kreisen Widerstand gefunden. [...] Ich hatte die hier entwickelten Auffassungen anfangs nur versuchsweise vertreten, aber im Laufe der Zeit haben sie eine solche Macht über mich gewonnen, daß ich nicht mehr anders denken kann. [...] Ich erinnere mich meiner eigenen Abwehr, als die Idee des Destruktionstriebs zuerst in der psychoanalytischen Literatur auftauchte, und wie lange es dauerte, bis ich für sie empfänglich wurde.

Daß andere dieselbe Ablehnung zeigten und noch zeigen, verwundert mich weniger. Denn die Kindlein, sie hören es nicht gerne, wenn die angeborene Neigung des Menschen zum ›Bösen‹, zur Aggression, Destruktion und damit auch zur Grausamkeit erwähnt wird.«[7]

Schon vor der Publikation von *Jenseits des Lustprinzips,* das seine Spätphilosophie einleitet, hatte Freud seine ursprüngliche Trieblehre entscheidend modifizieren müssen. Die psychologische Konstruktion, die ihn anfänglich geleitet hatte – die eines durch die Erfordernisse der Realität immer wieder eingeschränkten Luststrebens, also das spannungsvolle, ja feindliche Verhältnis von Lust- und Realitätsprinzip –, reichte zur Erklärung bestimmter klinischer Phänomene offensichtlich nicht mehr aus. In der 1914 veröffentlichten Arbeit *Zur Einführung des Narzißmus*[8] ging Freud erstmals der Frage nach, was es mit libidinösen Strebungen auf sich habe, die nicht auf Objekte, sondern aufs Ich gerichtet sind. Im Zusammenhang dieses Problems sah er sich genötigt, den Begriff des Narzißmus – einer aufs Ich zentrierten Libido – zu postulieren, der das, was Freud rund zwanzig Jahre lang Ich- oder Selbsterhaltungstriebe (die wiederum das Realitätsprinzip generieren) genannt hatte, unter sich subsumierte. Damit war das psychologische Konzept des Gegensatzes von Lust- und Realitätsprinzip weitgehend hinfällig geworden, denn jetzt gab es nur noch Konflikte innerhalb der Libido, zwischen narzißtischer und Objektliebe, während der Gegenspieler der Libido, den vorher das Realitätsprinzip gebildet hatte, fehlte. Freud war immer der Überzeugung, daß es im psychischen Apparat zwei antagonistische Triebe geben müsse – mit der Einführung des Todestriebes hatte er den vermißten Widerpart der Sexualtriebe (wieder-)gefunden. »Unsere Auffassung war von Anfang an eine *dualistische* und sie ist es heute schärfer denn zuvor, seitdem wir die Gegensätze nicht mehr

Ich- und Sexualtriebe, sondern Lebens- und Todestriebe benennen.«[9] Ob Freuds hartnäckiges Festhalten an einer dualistischen Triebkonzeption tatsächlich im Zusammenhang der Erblast der deutschen Philosophietradition zu sehen ist – man denke an die Gegensatzpaare Natur/Geist, Gefühl/Intellekt bzw. Wille/Intellekt, Subjekt/Objekt, dionysisch/apollinisch –, soll hier dahingestellt bleiben.

Freud hatte indessen, jenseits aller Lust am spekulativen Gedankenflug, handfeste Gründe für die Einführung des Todestriebes. Bei der Behandlung sogenannter Kriegsneurotiker konnte er die Beobachtung machen, daß viele in ihren Träumen die traumatischen Erlebnisse, die zu ihrer Erkrankung geführt hatten, immer wieder reproduzierten, daß die Unlust bereitenden Ereignisse, deren Opfer sie geworden waren, sich geradezu zwanghaft wiederholten.[10] Bei Kindern beobachtete Freud etwas Analoges, z.B. beim Spiel seines ältesten Enkels, der ständig Handlungen wiederholte, die mit der Abwesenheit seiner Mutter zu tun hatten, also mit Unlustgefühlen verbunden waren.[11] Aufgrund solcher empirischen Beobachtungen kam Freud zu dem Schluß, »daß es im Seelenleben wirklich einen Wiederholungszwang gibt, der sich über das Lustprinzip hinaussetzt«[12]. Und er fährt fort, dieser Zwang sei »ursprünglicher, elementarer, triebhafter als das von ihm zur Seite geschobene Lustprinzip«[13].

Im Kontext seiner ursprünglichen Triebtheorie hätte Freud die Frage gestellt: Wie kommt es, daß das Wiedererleben und Wiederholen von Unlust und Leiden eine Ursache von Lust sein kann? Nunmehr, nach der Erkenntnis der Autonomie von Phänomenen wie Schmerz, Haß, Aggressionen und Schuldgefühlen, muß die Frage anders formuliert werden: »Welcher Natur ist der Zwang, der bewirkt, daß unangenehme Situationen wiederholt werden, wie dies zum Beispiel in der traumatischen Neurose und beim Kinderspiel geschieht?«[14]

Freud steht, wie wir gesehen haben, nicht an, diesem Zwang fundamentalen Triebcharakter zuzuerkennen. »Auf welche Art hängt aber das Triebhafte mit dem Zwang zur Wiederholung zusammen? Hier muß sich uns die Idee aufdrängen, daß wir einem allgemeinen, bisher nicht klar erkannten – oder wenigstens nicht ausdrücklich betonten – Charakter der Triebe, vielleicht alles organischen Lebens überhaupt, auf die Spur gekommen sind. *Ein Trieb wäre also ein dem belebten Organischen innewohnender Drang zur Wiederherstellung eines früheren Zustandes,* welchen dies Belebte unter dem Einflusse äußerer Störungskräfte aufgeben mußte, eine Art von organischer Elastizität, oder wenn man will, die Äußerung der Trägheit im organischen Leben.«[15]

Wenn man die von Freud gemachte Voraussetzung der *»konservativen* Natur des Lebenden«[16], seines immanenten Drangs zur »Regression, Wiederherstellung von Früherem«[17], teilt, dann scheint die Konsequenz, die er zieht, unabweisbar zu sein: »Es muß [...] ein alter, ein Ausgangszustand sein, den das Lebende einmal verlassen hat, und zu dem es über alle Umwege der Entwicklung zurückstrebt. Wenn wir es als ausnahmslose Erfahrung annehmen dürfen, daß alles Lebende aus *inneren* Gründen stirbt, ins Anorganische zurückkehrt, so können wir nur sagen: *Das Ziel alles Lebens ist der Tod,* und zurückgreifend: *Das Leblose war früher da als das Lebende.*«[18]

Der von Freud postulierte Todestrieb ist also nichts anderes als der Ausdruck des allumfassenden Wunsches des Organismus, ins »Nichts« – Freud bezieht sich an einer Stelle auf Barbara Lows »Nirwana-Prinzip«[19] –, in die reizlose Ruhe des anorganischen Seins zurückzukehren. Paradoxerweise kommt Freud zu dem Schluß, daß auch die Sexual- und Selbsterhaltungstriebe, die ja Synonyma für Leben und Fortpflanzung, also für Lebenserhaltung sind, letztlich ebenfalls im Dienste des Todestriebs stehen – sie seien lediglich »Störenfriede«, die die Rückkehr zum anorganischen Zustand verzögerten.[20] Dieser Befund steht in offensichtlichem Widerspruch zu jenem, der besagt, »Eros, der die Teile der lebenden Substanz zueinanderzudrängen und zusammenzuhalten sucht«, sei der »Gegensatz« zum Todestrieb.[21] Freud löst diesen Widerspruch auf, indem er konzediert, daß die Lebenstriebe zwar, ebenso wie der Todestrieb, konservativ und dem Nirwana-Prinzip wie dem Wiederholungszwang unterworfen seien. Zugleich aber wirkten sie auf eine Art und Weise, die es erlaube, das Endziel des Todestriebs für unbestimmte Zeit hinauszuschieben. Indem die Lebenstriebe immer wieder neues Leben hervorbringen und zu erhalten suchen, vereiteln sie die stumme und unauffällige Arbeit des Todestriebs und können so als dessen Kontrahenten gefaßt werden.

Freud war der Ansicht, mit der Einführung des Todestriebs, dessen Konzept auch die Erhellung klinischer Phänomene wie Sadismus und Masochismus einschloß[22], dem »Rätsel des Lebens«[23] auf die Spur gekommen zu sein. Aber er verhehlte sich nicht, daß seine neue Triebtheorie womöglich auf sehr schwankendem Grund ruhte. »Man kann dabei glücklich geraten haben oder schmählich in die Irre gegangen sein. Der sogenannten Intuition traue ich bei solchen Arbeiten wenig zu; was ich von ihr gesehen habe, schien mir eher der Erfolg einer gewissen Unparteilichkeit des Intellekts. Nur daß man leider selten unparteiisch ist, wo es sich um die letzten Dinge, die großen Probleme der Wissenschaft und des Lebens handelt. Ich glaube, ein jeder wird da von innerlich tief begründeten Vorlieben beherrscht, denen er mit seiner Spekulation unwissentlich in die Hände arbeitet. Bei so guten Gründen zum Mißtrauen bleibt wohl nichts anderes als ein kühles Wohlwollen für die Ergebnisse der eigenen Denkbemühung möglich.«[24]

Freud hat die Lehre von den beiden Triebarten – ihrer Polarität, aber auch ihrer Vermischung und Legierungen – in späteren Arbeiten, etwa in der zentralen metapsychologischen Abhandlung *Das Ich und das Es* von 1923[25], vielfältig ausgebaut und präzisiert. Gleichwohl gehört die Todestriebhypothese bis heute zu den umstrittensten Bestandteilen des Freudschen Theoriegebäudes. Das hat zum Teil plausible immanente Gründe, die mit den Schwächen von Freuds Konstrukt zusammenhängen und ernst zu nehmen sind. Darüber hinaus gibt es aber für die verbreitete Ablehnung der Annahme eines Todestriebs Gründe, die eher mit Widerstand und Verdrängung gegenüber einem Thema zu tun haben, welches das individuelle und kollektive Selbstverständnis des modernen Individuums zutiefst irritiert.

Die moderne westliche Kultur mit ihren gigantischen Produktionsapparaturen ist unablässig damit beschäftigt, die Ubiquität des Todes, der – zumal im Zeichen des atomaren »overkills« – als Bedrohung jederzeit in unser aller Leben hineinragt, zu verleugnen, den Tod als etwas dem Leben Fremdes, als Unfall zu betrachten. Die infantile Verneinung des Todes und seiner Endgültigkeit gehört zu den kulturellen Ritualen, die uns, so scheint es, das Leben überhaupt erst erträglich machen. Der Tod – und ihm verschwisterte Erfahrungen wie Aggression, Trennung, Trauer – wird wie ein Aussätziger behandelt, der von der feinen Gesellschaft ausgeschlossen bleibt. In dem Maße, wie diese sich »die Erde untertan macht« und das Tempo der Naturbeherrschung schwindelerregend vorantreibt, suggeriert sie den Individuen Allmacht und Unsterblichkeit. Der mexikanische Psychoanalytiker Raúl Páramo-Ortega zitiert eine Studie Geoffrey Gorers, der in England die Reaktionen von 359 Personen auf den Tod von Angehörigen untersucht hat. Gorer kam zu dem Resultat, daß eine allgemeine Tendenz zu beobachten sei, Trauer über den Tod einer geliebten Person als etwas Unwürdiges und Unerwünschtes zu betrachten. »Trauer zu verleugnen, scheint eine neue soziale Form der Todesverleugnung zu sein; die gesellschaftliche Mißbilligung der Traurigkeit heißt zugleich, den Tod selber zu verneinen.«[26]

Freuds *Jenseits des Lustprinzips,* bis heute Stachel im Fleisch einer harmlos gewordenen Psychoanalyse[27], geht weit über die Absicht hinaus, klinische Phänomene wie jene des Wiederholungszwangs, des Hasses, der Aggressionen und Schuldgefühle, denen der ärztliche Therapeut in seiner Alltagspraxis begegnet, erklären zu wollen. Vielmehr war es Freud, dem Desillusionierer par excellence, darum zu tun, jene Maulwurfsarbeit zu vollenden, welche die brüchigen, auf Verleugnung und Verdrängung ruhenden Mauern unserer Kultur und ihres idealistischen Selbstverständnisses unterhöhlt – der Vorwurf der »Zersetzung« ist ihm denn auch nicht selten gemacht worden, nicht nur von den Nationalsozialisten, die seine Bücher verbrannten und ihn ins Exil trieben. Materialist wie Marx und Entzauberer aller Jenseitshoffnungen wie dieser, sah sich Freud außerstande, das elementare Faktum des Todes und seiner psycho-kulturellen Abkömmlinge in seiner Theorie zu ignorieren: Der »Todestrieb«, den man getrost als Metapher nehmen darf, ist nichts anderes als der Name dafür, daß jede radikale, nicht-idealistische Psychologie da einsetzt, wo der Tod ins Leben tritt und seine Unwiderruflichkeit anmahnt – dies zu akzeptieren, nannte Freud realistisch. In der religionskritischen Studie *Die Zukunft einer Illusion* heißt es: »Gewiß wird der Mensch sich dann in einer schwierigen Situation befinden, er wird sich seine ganze Hilflosigkeit, seine Geringfügigkeit im Getriebe der Welt eingestehen müssen, nicht mehr der Mittelpunkt der Schöpfung, nicht mehr das Objekt zärtlicher Fürsorge einer gütigen Vorsehung. [...] Aber nicht wahr, der Infantilismus ist dazu bestimmt, überwunden zu werden? Der Mensch kann nicht ewig Kind bleiben, er muß endlich hinaus, ins ›feindliche Leben‹. Man darf das ›*die Erziehung zur Realität*‹ heißen.«[28]

Von der *Traumdeutung* zum *Jenseits des Lustprinzips* hat Freud einen weiten Weg zurückgelegt – es ist der Weg von der Erkenntnis der Allmacht des Wunsches zu jener, daß es einen unerbittlichen Widersacher des Wunsches gibt, der diesem in die Parade fährt und ihn so seiner Begrenztheit überführt. Vermutlich hat Octave Mannoni recht, wenn er schreibt, daß der Widerstand gegen die Theorie vom Todestrieb »unendlich viel stärker« sei als der gegen die Libidotheorie.[29] Letztere, wiewohl verdächtig genug, insofern sie den verschlungenen Pfaden des sexuellen Wunsches von der »Normalität« bis zur »Perversion« und Neurose nachspürt, hängt am Leben und bejaht seine bunten Ausdrucksweisen. Jene aber untergräbt die schöne Illusion, daß Leben überhaupt etwas anderes sei als eine kürzere oder längere Krankheit zum Tode.

In einer seiner letzten Schriften, im *Abriß der Psychoanalyse,* hat Freud mit großer Klarheit auf die Konsequenzen der Todestrieblehre hingewiesen, Konsequenzen, die so oder so ein tragisches Scheitern beinhalten. Es sei einerseits »eine Notwendigkeit für die Erhaltung des Individuums«, Aggressionen nach außen, gegen andere Individuen zu richten, denn: »Zurückhaltung von Aggression ist überhaupt ungesund, wirkt krankmachend.« Andererseits erfordert die Erhaltung der Kultur und des menschlichen Zusammenlebens die Eindämmung von nach außen gewendeter Destruktion. Aus diesem Dilemma gibt es kein Entrinnen. Und so, notiert Freud, könne man annehmen, »das Individuum stirbt an seinen inneren Konflikten« – am Konflikt zwischen dem Weg, den die »Kulturentwicklung« vorschreibt, und der triebbedingten Notwendigkeit, Aggression freizusetzen.[30] Das sind höchst untröstliche Aussichten.

5. Der Führer ante portas:
Massenpsychologie und Ich-Analyse

Der Erste Weltkrieg und die auf ihn folgenden revolutionären und konterrevolutionären Massenbewegungen mußten einem Psychologen wie Freud, für den Individualpsychologie »von Anfang an auch [...] Sozialpsychologie« war[1], in mehr als nur einer Hinsicht Rätsel aufgeben. Die Kriege des 19. Jahrhunderts waren im großen und ganzen, vielleicht darf man es so sagen, »rationale« Kriege, in denen die kriegführenden Staaten mit relativ geringem ideologischem Aufwand ihre territorialen und politischen Ansprüche ausfochten. Die meisten dieser Kriege waren zeitlich und räumlich begrenzt, die gegeneinander operierenden Armeen und ihre Führungen waren in der Regel nicht darauf aus, den jeweiligen Feind physisch gänzlich zu vernichten, sondern lediglich darauf, ihm einen empfindlichen militärischen Schlag zu versetzen, der ihn gefügig machen und an den Verhandlungstisch zwingen sollte. Natürlich waren die Kriege des 19. Jahrhunderts trotzdem grausam und verlustreich genug. Aber sie erreichten bei weitem nicht jenes Ausmaß an Brutalität und Zerstörungswut, wie wir es vom Ersten Weltkrieg (und von den meisten späteren Kriegen) kennen. Das qualitativ Neue an diesem mehr als vier Jahre dauernden Krieg bestand nicht allein im Einsatz von bis dahin unbekannten Waffen und im Ausmaß der gegenseitigen Vernichtung, sondern auch darin, daß sich riesige Menschenmassen, Zivilisten und Soldaten, für dubiose »nationale Ideen«, für »Volk und Vaterland«, für die »totale Mobilmachung« von einer Handvoll Führer gleichsam willenlos instrumentalisieren und zur Herde degradieren ließen. Daß der Kampf als »inneres Erlebnis« (Ernst Jünger), als Selbstaufgabe des rationalen Ich gefeiert werden konnte, daß Menschen für anrüchigste Parolen zu sterben bereit waren, daß sie »Die letzten Tage der Menschheit« (Karl Kraus) mit dem kollektiven Aufbruch zu nationalem Ruhm zu verwechseln vermochten – all das muß den Psychologen des Unbewußten in den ersten Nachkriegsjahren beschäftigt haben. Das 20. Jahrhundert, so ist oft gesagt worden, sei das Jahrhundert der Massen, und Freud hat sich dem unheimlichen Phänomen der Masse, das im Verlauf des Krieges immer bedrohlicher sichtbar wurde, mit der Neugierde des Forschers zugewandt.

Massenpsychologie und Ich-Analyse, 1921 veröffentlicht, ist nicht, wie Ernest Jones in seiner voluminösen Freud-Biographie schreibt, ein Beitrag, der in die Rubrik »Soziologie« gehört[2], sondern eine psychologische Studie, die den Zusammenhang von individuellem und kollektivem Verhalten bzw. die Transformation von individuellen in kollektiv wirksame psychische Dispositionen aufzuhellen unternimmt, wie ja auch der Titel dieser Schrift anzeigt.

Freud beginnt seine Untersuchung mit einem knappen Resümee von Gustave Le Bons damals berühmtem Buch *Psychologie der Massen* (1895). Le Bon hat darauf hingewiesen, daß Individuen, die sich zur Masse zusammenschließen, eine »Kollektivseele« entwickeln, in der die individuellen Eigenarten und Erwerbungen, die Fähigkeiten des Intellekts, des Gewissens und der Verantwortung aufgehoben, dispensiert sind. Weiter hat er konstatiert, daß in der Masse die bewußte Persönlichkeit verschwinde, daß es zur »Vorherrschaft der unbewußten Persönlichkeit« komme und das Individuum zum »willenlosen Automaten« werde. Der einzelne, auch wenn er sonst noch so differenziert und gebildet sei, pervertiere in der Masse zum

»Triebwesen«, das auf eine vergleichsweise primitive Stufe der Entwicklung regrediere. Massen, schrieb Le Bon, lebten im Gefühl der Allmacht, sie brauchten und forderten Illusionen und gäben dem Irrealen allemal Vorzug vor dem Realen.

Le Bons Phänomenologie der Massen macht sich Freud umstandslos zu eigen; aber er bleibt nicht dabei stehen. Ihn interessiert vor allem das in Le Bons Schrift ungelöst gebliebene Problem, wie die Kohäsion der Masse untereinander und von Masse und Führer, die Unterwerfungsbereitschaft von Massen unter die Autorität einer Person (oder auch einer abstrakten Idee) zustande kommt. Um diesem Rätsel auf die Spur zu gelangen, führt Freud den Begriff der Libido ein, »der uns im Studium der Psychoneurosen so gute Dienste geleistet hat«[3]. Freud geht also, versuchsweise, von der Voraussetzung aus, »daß Liebesbeziehungen (indifferent ausgedrückt: Gefühlsbindungen) auch das Wesen der Massenseele ausmachen«. Denn wenn ein Individuum als Mitglied einer Masse seine Eigenarten und Eigenschaften aufgibt und unter den suggestiven Einfluß anderer gerät, so geschehe dies, »weil ein Bedürfnis bei ihm besteht, eher im Einvernehmen mit ihnen als im Gegensatz zu ihnen zu sein, also vielleicht doch ›ihnen zuliebe‹«[4].

Zur Veranschaulichung seiner Hypothese von der libidinös gefärbten Bindung der Massenmitglieder untereinander wie der Masse an einen Führer gibt Freud zwei Beispiele einer »künstlichen Masse«: Kirche und Heer. In diesen beiden hochorganisierten Massen gebe es jeweils ein Oberhaupt – in der katholischen Kirche Christus, in der Armee den Feldherrn –, »das alle Einzelnen der Masse mit gleicher Liebe liebt«, was natürlich, wie Freud sogleich anmerkt, eine Illusion sei.[5] Löse diese Bindung sich auf (etwa bei der Armee) oder schwächten religiöse Gefühle sich ab (im Falle der katholischen Kirche), so verschwänden auch »die gegenseitigen Bindungen der Massenindividuen«[6]. Freud fügt an dieser Stelle hinzu, daß auch die zeitgenössischen sozialistischen Massenbewegungen durch libidinöse Bande zusammengehalten würden.[7]

Im Fortgang seiner Untersuchung der »psychologischen Masse« stößt Freud freilich auf eine Schwierigkeit, die nicht mit leichter Hand abzutun ist. Freud hatte ja schon bei früheren Gelegenheiten die Tatsache hervorgehoben, daß gerade in der Beziehung zu geliebten und nahestehenden Personen Gefühlsambivalenzen im Spiel sind, daß Liebe und Haß dicht beieinanderliegen. »In den unverhüllt hervortretenden Abneigungen und Abstoßungen gegen nahestehende Fremde können wir den Ausdruck einer Selbstliebe, eines Narzißmus, erkennen, der seine Selbstbehauptung anstrebt und sich so benimmt, als ob das Vorkommen einer Abweichung von seinen individuellen Ausbildungen eine Kritik derselben und eine Aufforderung, sie umzugestalten, mit sich brächte. Warum sich eine so große Empfindlichkeit gerade auf diese Einzelheiten der Differenzierung geworfen haben sollte, wissen wir nicht; es ist aber unverkennbar, daß sich in diesem Verhalten der Menschen eine Haßbereitschaft, eine Aggressivität kundgibt, deren Herkunft unbekannt ist und der man einen elementaren Charakter zusprechen möchte.«[8]

Wie kommt es nun, fragt Freud, daß solche »Intoleranz«, die auf die Existenz eines nach außen gerichteten Todestriebes schließen läßt, in der Masse außer Kraft gesetzt ist? Seine Antwort ist, daß es sich bei den libidinösen Bindungen, die man an einer Masse beobachten kann und die die Geltung des individuellen Narzißmus einschränken, um »neuartige« Gefühlsbindungen handelt – Freud belegt diesen Bindungstypus mit dem Begriff der Identifizierung. Die Identifizierung, schreibt Freud, sei »die früheste und ursprünglichste Form der Gefühlsbindung«, sie liege genetisch vor den ödipalen, also Objektbeziehungen, und es komme beim Erwachsenen unter den Bedingungen der Verdrängung und der Herrschaft des Unbewußten nicht selten vor, »daß die Objektwahl wieder zur Identifizierung wird, also das Ich die Eigenschaften des Objektes an sich nimmt«[9]. Diese Introjektion des Objekts, die in der Identifizierung[10] stattfindet und psychogenetisch einer primitiven Entwicklungsstufe entspricht, führt Freud zufolge dazu, daß das »Ichideal« – jene Instanz im Ich, die über die Funktionen der Selbstbeobachtung, der Kritik, des Gewissens wacht – durch ein idealisiertes Objekt ersetzt wird, welches, wie im Zustand heftiger Verliebtheit, die Stimme der Kritik und Selbstkritik zum Schweigen bringt. Im Zustand hypnotischer Verliebtheit in ein Objekt – den Führer – (Thomas Mann hat diesen Vorgang der Suspendierung der kritischen Ichinstanz durch hypnotische Beeinflussung in seiner Novelle *Mario und der Zauberer* eindrucksvoll beschrieben[11]) gibt das Massenindividuum sich selber preis, indem es das geliebte Objekt maßlos idealisiert und sich selbst zugleich als unbedeutend und winzig erlebt. Seinen »Adel« empfängt es, indem es durch Teilhabe an und Identifizierung mit einem als groß und vollkommen wahrgenommenen Objekt an dessen Glanz und Macht partizipiert. Freuds Formel für die libidinöse Konstitution einer Masse lautet: »Eine [...] primäre Masse ist eine Anzahl von Individuen, die ein und dasselbe Objekt an die Stelle ihres Ichideals gesetzt und sich infolgedessen in ihrem Ich miteinander identifiziert haben.«[12]

Freud läßt keinen Zweifel daran, daß es sich bei allen Massenbildungen, selbst wenn sie im Dienste hehrer Ideale und Ziele stehen, um eine »Regression der seelischen Tätigkeit auf eine frühere Stufe« handelt, »wie wir sie bei Wilden und bei Kindern zu finden nicht erstaunt sind«[13]. Gegen Ende seiner Abhandlung geht er sogar so weit, das Phänomen der modernen Masse als »Wiederaufleben der Urhorde« zu beschreiben, jener Urhorde, deren hypothetischer Existenz er in *Totem und Tabu* nachgespürt hatte.[14] In gewisser Hinsicht, notiert Freud, sei die Massenpsychologie »die älteste Menschenpsychologie«, während die Individualpsychologie – die ja ein Reflex der Tatsache ist, daß es irgendwann einmal in der Phylogenese, vermutlich sehr spät, zum Vorgang der Individuierung, Besonderung einzelner gekommen ist – eine vergleichsweise junge Errungenschaft sei, die sich »erst später, allmählich und sozusagen immer noch nur partiell aus der alten Massenpsychologie herausgehoben« habe.[15]

Massenpsychologie und Ich-Analyse, Freuds durchdringende und subtile Antwort auf das Phänomen moderner Massenbewegungen, ist vielleicht dasjenige unter allen Freudschen Werken, von dessen Thema auch heute noch die größte Beunruhigung ausgeht. Denn die primitiven seelischen Reaktionen, der atavistische Resonanzboden, der zur Bereitschaft führt, mit anderen eine »Masse« zu bilden und »von unbeschränkter Gewalt beherrscht [zu] werden«[16] – solche Autoritäts- und Unterwerfungssüchtigkeit ist heute so wenig verschwunden wie damals. Ja, man fragt sich, ob die sozialen und politischen Umstände an der Wende zum 21. Jahrhundert womöglich noch leichter als vor achtzig Jahren Massenbildungen begünstigen helfen. In der Primitivität, die mit Identifizierungsprozessen verbunden ist, liegt, so scheint es, eine ungeheure Versuchung, die Last des Kulturerwerbs und der Kulturerhaltung, die uns auferlegt ist, abzuschütteln und ein Stück Triebnatur auszuleben. Identifizierung in dem Sinne, wie Freud den Begriff in *Massenpsychologie und Ich-Analyse* einführt, hat etwas zu tun mit der lustvoll-regressiven Aufkündigung von Abgrenzungsarbeit und Verhältnisbestimmungen, mit dem archaischen Wunsch, durch kannibalische Einverleibung eines Objekts an dessen phantasierter Allmacht teilzuhaben. Gerade die, wenn auch zielgehemmte, libidinöse Seite, die in der Identifizierung zum Zuge kommt, impliziert eine mächtige Verlockung zur Rückkehr zu einem Zustand der Undifferenziertheit, des fraglosen Einsseins.

Ohne es zu wissen, hat Freud mit *Massenpsychologie und Ich-Analyse* eine ziemlich exakte Analyse der nationalsozialistischen Herrschaft und deren spezifischer Vergesellschaftungsmechanismen vorgelegt. Er diagnostizierte die libidinöse Kohäsion der Masse ebenso scharfsinnig wie deren Identifizierung mit einem Führer, der noch »ante portas« stand, noch nicht einmal seine Programmschrift *Mein Kampf* formuliert hatte. Es ist keine Übertreibung festzustellen, daß der Nationalsozialismus – jene massenfeindliche Massenbewegung, die den Individuen den Himmel versprach und sie, mit ihrer Einwilligung, in die Hölle schickte – die Wahrheit der Freudschen Massenpsychologie historisch in bestürzender Schärfe bestätigt hat. Wohl kaum ein moderner Führer ist von den identifikationsbereiten und kulturmüden Massen so frenetisch geliebt worden wie Hitler, kaum einer wurde so sehr wie Hitler zum Massenideal der in jeder Hinsicht Abhängigen. Diese Liebe hielt zwölf Jahre lang, und als man aus dem trügerischen Rausch schließlich erwachte – nicht freiwillig, vielmehr gezwungenermaßen –, da sollte alles nur ein Irrtum gewesen sein. Als die alliierten Sieger die »Kultur« reimportierten, jene Kultur, deren man sich 1933 in einem barbarischen Akt kollektiver Identifikation mit *einem* Volk, *einem* Reich, *einem* Führer schlagartig entledigt hatte, da wollten die meisten nichts von der Liebe zum Führer gewußt haben. Denn jetzt begann man zu ahnen, daß es nicht Liebe war, die Führer und Gefolgschaft aneinandergebunden hatte, sondern bloß deren Surrogat: eine Rückzugs- und Resignationsform gleichsam, geboren aus der trotzigen Enttäuschung darüber, daß unter den einschränkenden Bedingungen der herrschenden Kultur gelingende, auf Autonomie zielende Identifikationen am schwersten zu haben sind.

Für Freud stand außer Frage, daß der kollektive Entdifferenzierungsvorgang, der durch jede Art von Massenbildung ausgelöst wird, von größtem Übel sei, das man mit allen Mitteln, nicht zuletzt mit dem der psychoanalytischen Aufklärung, bekämpfen müsse. Zugleich aber und implizit machen seine Ausführungen in *Massenpsychologie und Ich-Analyse* deutlich, daß es die Kultur selber ist, welche die Individuen in regressive Bindungen und Hörigkeiten, in Abhängigkeit und Krankheit treibt – und Krankheit wird man es wohl nennen müssen, wenn sich ein einzelner an die »Kollektivseele« verliert.

Im Jahre 1908 notierte Freud: »Die Erfahrung lehrt, daß es für die meisten Menschen eine Grenze gibt, über die hinaus ihre Konstitution der Kulturanforderung nicht folgen kann. Alle, die edler sein wollen, als ihre Konstitution es ihnen gestattet, verfallen der Neurose; sie hätten sich wohler befunden, wenn es ihnen möglich geblieben wäre, schlechter zu sein.«[17] Diesen Satz könnte man beinahe als Entschuldigungsformel dafür nehmen, daß Menschen unter dem Einfluß der kulturellen Zwangsmoral und der von ihr abverlangten Verzichte ihr Heil, wenn nicht in der Neurose, dann eben in der Masse und ihren Ersatzbefriedigungen suchen. Aber Freud, wir wissen es, wollte nichts entschuldigen, er wollte nur die Konflikte aufdecken, in deren Kraftfeld wir zwangsläufig existieren.

6. Der Triumph der Priester:
Die Frage der Laienanalyse

Man muß sich, gerade weil die Dinge heute anders liegen, klar-
machen, daß sich unter den ersten Schülern Freuds nicht nur
Ärzte wie C. G. Jung, Sándor Ferenczi, Ernest Jones und Viktor
Tausk befanden, sondern auch Nicht-Ärzte, »Laien«, die von
anderen (meist akademischen) Berufen herkamen. »Schon bald
nachdem sich 1902 die ersten fünf Ärzte um Freud geschart hatten, wurde 1905 ein ›absolvierter Gewerbeschüler‹ von Adler
bei Freud eingeführt: Otto Rank. Im Jahre 1906 waren bereits
sechs Mitglieder Nicht-Ärzte; 1907 und 1908 waren es fünf;
1909 acht; 1910 zehn; 1911 zwölf; 1912 elf; 1913 zehn. Vor 1914
war ein Viertel bis ein Drittel der Gruppe um Freud Nicht-
Ärzte.«[1] In der Frühzeit der Psychoanalyse gehörten »Laien«
wie Rank, Theodor Reik, Hanns Sachs und Siegfried Bernfeld
zu den angesehensten Mitgliedern der psychoanalytischen Ver-
einigungen in Österreich und Deutschland; Freuds Tochter
Anna, später eine weltberühmte Analytikerin, war ursprünglich
Lehrerin; mit dem Schweizer Pfarrer Oskar Pfister, der 1908
zum ersten Mal auf Freuds Schriften gestoßen war und die Erkenntnisse der Psychoanalyse seelsorgerisch einsetzte, verband
den Atheisten Freud eine dreißig Jahre währende freundschaft-
liche Beziehung[2]; gleiches gilt für die Schriftstellerin Lou Andreas-Salomé, die sich 1912 der psychoanalytischen Bewegung
angeschlossen hatte und die Freud in späteren Jahren in seinen
Briefen mit dem vertraulichen »liebste Lou« anzureden pflegte.[3]
Mit einem Wort, im Kreis um Freud genossen die »Laien« hohes

Ansehen, als Analytiker galten sie ebensoviel wie ihre ärztlichen Kollegen. Das sollte sich indessen wenig später ändern.

Als Freud im Jahre 1926 seine Schrift *Die Frage der Laienanalyse* publizierte, standen die Psychoanalyse und die Person ihres Gründers im Zenit öffentlichen Ruhms und gesellschaftlicher Anerkennung. Die Zeit der Isolation Freuds und seiner ersten Schüler war längst vorbei. Längst auch hatte die Wissenschaft vom Unbewußten den Atlantik überquert und ihren Siegeszug in der Neuen Welt angetreten. Selbst in der prüden Sowjetunion unter der Herrschaft Stalins gab es, wenn auch eher von Polemik und Abwehr gekennzeichnete, Debatten über Freuds Seelenkunde.[4] Fritz Wittels, ein früher Parteigänger der Psychoanalyse, meldete bei Erscheinen der *Frage der Laienanalyse* in überschwenglichem Ton »Freuds Welterfolg«[5]. Was konnte Freud in dieser günstigen Situation dazu veranlassen, zum Problem der Laienanalyse Stellung zu nehmen?

Freud stand dem äußeren Wachstum und Erfolg der von ihm geschaffenen Wissenschaft nicht ohne inneren Vorbehalt gegenüber. »Es ist wahr«, heißt es in einem Brief an Pfister vom 25. Dezember 1920, »die Sache geht überall vorwärts, aber mein Vergnügen daran scheinen Sie zu überschätzen. Was man von persönlicher Befriedigung aus der Analyse schöpfen kann, habe ich schon zur Zeit, da ich allein war, genossen, und seit der Anschluß Anderer gekommen ist, mich mehr geärgert als gefreut. Die Art, wie die Menschen es annehmen und verarbeiten, hat mir keine andere Meinung von ihnen beigebracht als ihr früheres Benehmen, da sie es verständnislos ablehnten. Es muß doch in jener Zeit ein unheilbarer Riß zwischen mir und den Anderen entstanden sein.«[6] Gerade in »die Zeit des ungestörtesten Friedens und größten Fortschritts in ihrer [der Psychoanalyse] Geschichte«, wie Sachs die zwanziger Jahre charakterisiert[7], fällt Freuds Skepsis hinsichtlich der Fortschritte, welche die Psychoanalyse allenthalben verbuchen kann. Freud war immer und zutiefst von der »Antipathie der Umwelt gegen die Psychoanalyse« und die von ihr ans Licht geförderten »anstößigen« Wahrheiten überzeugt – darüber hatte ihn nicht zuletzt das ablehnende Verhalten der meisten seiner ärztlichen Kollegen belehrt. Er hatte sich innerlich darauf eingestellt, »das Schicksal der Vereinsamung in der Opposition auf sich zu nehmen«. Als »Jude, der sein Judentum nie verbergen wollte«, sah er sich in einem weithin antisemitisch verseuchten gesellschaftlichen Umfeld ohnehin in die Position des Außenseiters und Einzelgängers gedrängt.[8]

Freuds Intervention in der Frage der Laienanalyse, bei der es im Kern darum ging, »ob es auch Nichtärzten erlaubt sein soll, die Analyse auszuüben«[9], d.h. therapeutisch auf Patienten anzuwenden, hatte einen allgemeinen und einen sehr konkreten Hintergrund. Der allgemeine bestand in Freuds berechtigter Sorge, »daß die Psychoanalyse von der Medizin verschluckt« werde[10]; daß der wachsende Erfolg der Psychoanalyse, zumal in Amerika (dem gegenüber Freud ein gewisses Mißtrauen hegte), ein Resultat des Umstands sei, daß sie zunehmend von Ärzten dominiert werde – und die Ärzte-Priester mit dem ihnen eigentümlichen »Standesbewußtsein«[11] hielt Freud nicht unbedingt für die berufensten Sachwalter der Wissenschaft vom Unbewußten. Aufschlußreich ist Freuds Bekenntnis im ein Jahr später veröffentlichten Nachwort zur *Frage der Laienanalyse*, in welchem er sich selber, obwohl ausgebildeter Arzt, als »Laie« bezeichnet: »Nach 41jähriger ärztlicher Tätigkeit sagt mir meine Selbsterkenntnis, ich sei eigentlich kein richtiger Arzt gewesen. Ich bin Arzt geworden durch eine mir aufgedrängte Ablenkung meiner ursprünglichen Absicht, und mein Lebenstriumph liegt darin, daß ich nach großem Umweg die anfängliche Richtung wiedergefunden habe. Aus früheren Jahren ist mir nichts von einem Bedürfnis, leidenden Menschen zu helfen, bekannt, meine sadistische Veranlagung war nicht sehr groß. [...] In den Jugendjahren wurde das Bedürfnis, etwas von den Rätseln dieser Welt zu verstehen und vielleicht selbst etwas zu ihrer Lösung beizutragen, übermächtig. [...] Ich meine aber, mein Mangel an der richtigen ärztlichen Disposition hat meinen Patienten nicht sehr geschadet. Denn der Kranke hat nicht viel davon, wenn das therapeutische Interesse beim Arzt affektiv überbetont ist.«[12] Reik berichtet, er habe während einer Diskussion einmal behauptet, daß die Zukunft der Psychoanalyse im Studium der Geschichte, der Anthropologie und der Sozialwissenschaften liege und »daß die analytische Therapie neurotischer und psychotischer Störungen im Jahr 2000 als überholt gelten würde«. Zum Erstaunen fast aller Anwesenden habe Freud ihm in dieser Ansicht völlig zugestimmt.[13]

Den konkreten Anlaß für Freuds Stellungnahme zur Laienanalyse lieferte ein Vorfall von eher lokaler Bedeutung. In Österreich gab es seinerzeit ein Gesetz gegen »Kurpfuscherei«, und ein Patient Reiks hatte gegen diesen (Reik gehörte zur Fraktion der psychoanalytischen »Laien«) wegen unsachgemäßer Behandlung Klage erhoben; die Geschichte verlief bald im Sande, da sich jener Patient als schwer gestört herausstellte und als Zeuge nicht glaubwürdig war.[14] Dieser Fall bot Freud die Gelegenheit, zur Laienanalyse prinzipiell Stellung zu nehmen, zumal sich unter vielen amerikanischen Analytikern, aber auch bei Leuten wie Jones und Eitingon eine eher promedizinische, gegen die Laienanalyse gerichtete Haltung geltend zu machen begann.

Freuds Schrift, als fiktives Zwiegespräch zwischen ihm und einem wohlwollenden »Unparteiischen« verfaßt[15], behandelt nicht, wie man annehmen könnte, eine Nebenfrage der Psychoanalyse, bei der ein überflüssiger Streit zwischen Ärzten und Nicht-Ärzten zur Debatte steht, sondern betrifft sie in ihrer Essenz.

Wenn Freud sich so energisch dafür einsetzt, »daß die Psychoanalyse kein Spezialfach der Medizin« werde[16], dann geschieht das nicht aus blindem Ressentiment gegen die Ärzte, obwohl er dazu einigen Anlaß gehabt hätte, sondern auf der Basis guter Gründe. Freud begreift das von ihm geschaffene Instrument der Psychoanalyse – so viel dürfte aus dem bisher Gesagten deutlich geworden sein – nicht so sehr als ein methodisch angeleitetes Heilverfahren (wenngleich die Psychoanalyse *auch das* ist), sondern als einen zur dominierenden wissenschaftlichen Entwicklung querstehenden Erkenntnis- und Praxistypus[17]; als eine Weise, die uns prägende und von uns internalisierte »Kultur« wahrzunehmen, die deren Illusionen und Selbstverkennungen, Ausgrenzungen und Verstoßungen systematisch in den Blick nimmt, eine Weise, jene Widersprüche, Brüche und Opfer, die vom gesellschaftlichen Prozeß unterm Primat einer einseitigen und herrschaftlich verzerrten Rationalität niedergewalzt werden, namhaft zu machen und dergestalt zu ihrer »Rettung« beizutragen.

Der Entzauberung der Welt, welche Max Weber, derselben Generation wie Freud zugehörend, nüchtern konstatierte, begegnet die Freudsche Psychoanalyse allerdings nicht mit Klagen und Sehnsucht nach einer vermeintlichen Ursprünglichkeit, wohl aber mit unerbittlicher Kritik und mit der Nennung der Opfer, die der Kulturprozeß fordert. Für Freud gibt es kein emphatisches »Zurück zur Natur«, keine Idolatrie des Ursprungs und der Triebe. »Aber wie undankbar, wie kurzsichtig überhaupt, eine Aufhebung der Kultur anzustreben! Was dann übrig bleibt, ist der Naturzustand, und der ist weit schwerer zu ertragen. Es ist wahr, die Natur verlangte von uns keine Triebeinschränkungen, sie ließe uns gewähren, aber sie hat ihre besonders wirksame Art uns zu beschränken, sie bringt uns um, kalt, grausam, rücksichtslos, wie uns scheint. [...] Eben wegen dieser Gefahren, mit denen die Natur uns droht, haben wir uns ja zusammengetan und die Kultur geschaffen, die unter anderem auch unser Zusammenleben möglich machen soll. Es ist ja die Hauptaufgabe der Kultur, ihr eigentlicher Daseinsgrund, uns gegen die Natur zu verteidigen.«[18] Keine Regression also, wohl aber Kritik an einer Kultur, die sich nur auf Kosten der psychischen Zurichtung und Verstümmelung ihrer Mitglieder zu reproduzieren vermag: »Die Erinnerungsspur, der die psychoanalytische (Kultur-)Kritik folgt, ist die ›Spur des vergessenen Menschlichen am Ding‹.«[19]

Solches Interesse an der Dechiffrierung der psychischen Niederschläge des Kulturprozesses im Individuum sah Freud beim traditionellen Arzt am wenigsten aufgehoben: Dessen »Aufmerksamkeit ist auf objektiv feststellbare anatomische, physikalische, chemische Tatbestände hingelenkt worden. [...] Für die seelischen Seiten der Lebensphänomene wird das Interesse nicht geweckt, das Studium der höheren geistigen Leistungen geht die Medizin nichts an.«[20] Die ärztliche Ausbildung sei sogar eher »ein beschwerlicher Umweg zum analytischen Beruf«[21], und was die Ärzte-Analytiker angehe, so fühlten sie sich unter der »Macht des Standesbewußtseins [...] unbehaglich in der Isolierung von den Kollegen, möchten gerne als vollberechtigt von der *profession* aufgenommen werden und sind bereit, für diese Toleranz ein Opfer zu bringen, an einer Stelle, deren Lebenswichtigkeit ihnen nicht einleuchtet.«[22]

Es ist immerhin bemerkenswert, daß Freud im Streit um die Berechtigung der Laienanalyse von der »Lebenswichtigkeit« dieser Frage spricht. Die Laienanalyse ist ihm offenbar eine Garantie dafür, daß das »Junktim zwischen Heilen und Forschen«[23] nicht zerbrochen wird, daß der Doppelcharakter der Psychoanalyse – »als Heilverfahren und als am Begriff der Wahrheit orientierter Bildungsprozeß«[24] – erhalten bleibt. Der Ausschluß der »Laien« aus der psychoanalytischen Bewegung, heute inzwischen weitgehend vollzogen (nicht nur in den Vereinigten Staaten, sondern auch in vielen europäischen Ländern), ist für Freud gleichbedeutend mit der Reduktion der Psychoanalyse auf eine Methode der Krankenbehandlung, was sie in seinen Augen nicht im Kern erfaßt: »Der Gebrauch der Analyse zur Therapie der Neurosen ist nur eine ihrer Anwendungen; vielleicht wird die Zukunft zeigen, daß sie nicht die wichtigste ist.«[25] In einem Brief an den Freund Sándor Ferenczi aus dem Jahre 1929 gibt Freud seinem Vorbehalt gegen die Ärzte-Analytiker noch einmal in unvergleichlich scharfer Form Ausdruck: »Die letzte Maske des Widerstandes gegen die Analyse, die ärztlich-professionelle, ist die für die Zukunft gefährlichste.«[26]

Mit dieser Prognose sollte Freud recht behalten. *Die Frage der Laienanalyse* – sein Plädoyer für die Anwendung der psychoanalytischen Erkenntnis auf das Unbewußte in der Kultur und in den gesellschaftlichen Institutionen, Erkenntnisse, von denen er hoffte, sie könnten als »Korrektiv« der Irrationalität und Destruktivität des Sozialprozesses wirken[27] – wurde alsbald zu den Akten der psychoanalytischen Bewegung genommen. Unter dem zunehmend dominanten Einfluß der amerikanischen Psychoanalyse, der bis heute ungebrochen ist, und infolge der Schwächung, die der Sieg des Faschismus für die der Laienanalyse gegenüber toleranter eingestellten europäischen psychoanalytischen Gesellschaften bedeutete, war der Triumph der Ärzte-Priester, d.h. der Triumph professioneller Experten des Seelenlebens, nicht zu verhindern. In dem Maße, wie die ärztlichen Analytiker ihre Technik verfeinerten und verwissenschaftlichten, gleichsam objektivierten – womit sie nur dem schon von Freud klar erkannten Anpassungsdruck seitens der approbierten Mediziner nachgaben –, in eben dem Maße verwandelte sich die Psychoanalyse von einem Instrument der Kritik zu einem im Dienste gesellschaftlicher Konformität.

Freilich sollte man Ursache und Wirkung nicht verwechseln. Der Ausschluß der »Laien« – der Geisteswissenschaftler, Juristen, Pädagogen, Soziologen und Politologen – aus der Psychoanalyse war nicht der Grund, jedenfalls nicht der einzige, für die therapeutische Selbstrestriktion der Psychologie des Unbewußten und für die Ausblendung der kulturtheoretischen Dimension aus dem analytischen Denken; vielmehr muß man die historische Niederlage der Sache der Laienanalyse als Symptom lesen[28], als Symptom nämlich dafür, daß bereits zu Freuds Lebzeiten die inneren Kräfte der psychoanalytischen Bewegung so weit geschwächt waren, daß sie es nicht vermochte, sich dem gesellschaftlich vorherrschenden Trend zur instrumentell verwertbaren Rationalisierung des Wissens mit Erfolg zu verweigern: »Die Tendenz zur Einebnung revolutionärer Paradigmata, zur neutralisierenden ›Verwissenschaftlichung‹ gesellschaftskritischen Denkens ist eine allgemeingesellschaftliche und hätte im Fall der Analyse allenfalls retardiert, nicht aufgehalten werden können.«[29]

In der Gestalt der Laienanalyse hatte Freud die Chance erkannt, den ärztlichen Priestern den Weg dahin zu verbauen, daß die Therapie zur Ultima ratio der Psychoanalyse wird, deren »Eigenwert«[30] am Ende verlorengeht. Dieser Eigenwert – Freud wurde nicht müde, ihn immer wieder hervorzuheben – bestand für ihn in der »Negativität« der Psychoanalyse, d.h. in der ihr innewohnenden Kraft, jener partikularen, »instrumentellen Vernunft« (Max Horkheimer), die sich als Statthalterin der Vernunft schlechthin ausgibt, zu widerstehen und sie ihrer Beschränktheit, ihrer Herrschaftsinteressen zu überführen. Der Nachweis, daß die Macht des Unbewußten allemal die scheinbar rationalen Intentionen und Zwecke der Menschen durchkreuzt, daß das Bewußtsein nur die Spitze des Eisbergs bildet und darunter ein Unverfügbares lauert: diese »Kränkung der menschlichen Eigenliebe«[31], des Gattungsnarzißmus, welcher das Individuum im Modus der vollen, souveränen Selbstverfügung sieht, ist Aufgabe und Ziel der Psychoanalyse, ihr »Eigenwert«, an dem Freud, gegen den Professionalismus seiner Ärztekollegen, verbissen festhielt. *Die Widerstände gegen die Psychoanalyse,* so der Titel einer kleinen Schrift aus dem Jahre 1925, waren für Freud geradezu der Beleg dafür, wie sehr er mit der Wahrheit der psychoanalytischen Erkenntnis ins Schwarze des Gattungsnarzißmus getroffen hatte.

Aber solche Negativität – deren Kulturarbeit darin besteht, den gesunden Menschenverstand der »kompakten Majorität«[32] dadurch zu irritieren, daß sie ihm den schwankenden Boden zeigt, auf dem er sich bewegt – vertrug sich schon zu Freuds Zeiten und verträgt sich auch heute schlecht mit jenem robust pragmatischen Interesse der Ärzte, das, in vermeintlich menschenfreundlicher Manier, eher an Symptomheilung und Anpassung orientiert ist als an schmerzender Aufklärung. Im Streit um die Laienanalyse behielten die Ärzte-Priester und ihre berufspolitischen Sicherheitsbedürfnisse, bis heute jedenfalls, das letzte Wort; ihr Triumph aber war Indiz des Niedergangs der psychoanalytischen Bewegung. Den Verlust der »Laien« – jener interdisziplinär ausgerichteten, die Freudsche Wissenschaft ernstnehmenden Gruppe nonkonformistischer Intellektueller – vermochten die Priester der Psychoanalyse nicht mehr auszugleichen.

7. Der Kampf der Giganten: Das Unbehagen in der Kultur

Nur ein Jahr nach seiner vehement geführten Auseinandersetzung mit den Ärzten (die ihn auch in den eigenen Reihen einige Sympathien gekostet haben dürfte) veröffentlichte Freud sein religionskritisches Pamphlet *Die Zukunft einer Illusion*, das er einem Gesprächspartner gegenüber einmal als »mein schlechtestes Buch« bezeichnete.[1] Diese Schrift, eine mit psychologischen Mitteln betriebene Fortsetzung der klassischen aufklärerischen Religionskritik etwa eines Feuerbach oder Marx, ist ganz gewiß nicht Freuds schlechteste und auch nicht seine folgenloseste; unter dem Titel *Die Gegenwart einer Illusion*, eben des »Massenwahns«, als welchen Freud alle Religionen charakterisiert[2], hat ein bekannter zeitgenössischer Schriftsteller die psychoanalytisch-ideologiekritische Attacke auf ein »Monstrum« fortgeführt.[3] Freuds Buch von 1927 vollendet – nun allerdings mit ungleich größerer psychologischer Raffinesse und in einem erweiterten anthropologischen und kulturtheoretischen Horizont – jene Kritik, die sein Autor in der aus dem Jahre 1907 stammenden klinischen Studie über *Zwangshandlungen und Religionsübungen* begonnen hatte.[4] Aus Rücksicht auf seinen geistlichen Freund Oskar Pfister hatte Freud längere Zeit gezögert, mit seinen überaus provokativen Gedanken zur Religion und deren psychosozialer Entlastungsfunktion vor die Öffentlichkeit zu treten; am Ende aber ließ er sich nicht davon abhalten. In einem Schreiben an Pfister vom 25. November 1928 stellte Freud einen bemerkenswerten Zusammenhang her zwischen seiner

Schrift über die Laienanalyse und der *Zukunft einer Illusion:* »Ich weiß nicht, ob Sie das geheime Band zwischen der ›Laienanalyse‹ und der ›Illusion‹ erraten haben. In der ersten will ich die Analyse vor den Ärzten, in der anderen vor den Priestern schützen. Ich möchte sie einem Stand übergeben, der noch nicht existiert, einem Stand von weltlichen Seelsorgern, die Ärzte nicht zu sein brauchen und Priester nicht sein dürfen.«[5] Pfister blieb Freud im übrigen eine Antwort nicht schuldig: Auf *Die Zukunft einer Illusion* reagierte er alsbald mit der Schrift *Die Illusion einer Zukunft*[6], was freilich die gegenseitige Wertschätzung der beiden Männer nicht ernstlich beeinträchtigte.

Freuds späte Arbeiten, beginnend mit *Jenseits des Lustprinzips,* verraten nicht nur ein wachsendes, schließlich drängendes Interesse an allgemeinen Problemen der Kultur bzw. Zivilisation (Freud gebrauchte beide Begriffe im gleichen Sinne[7], wohl um dem Dilemma einer konservativen Zivilisationskritik zu entgehen, welche gegen die angebliche Oberflächlichkeit der modernen »Zivilisation« die Beständigkeit und Solidität der »Kultur« beschwört); sie zeigen auch eine provokatorische Entschiedenheit, ja Radikalität, die kaum noch geneigt ist, auch nur die geringsten Kompromisse zu machen. Die 1930 publizierte Schrift *Das Unbehagen in der Kultur* (Freud wollte ihr ursprünglich den Titel *Das Unglück in der Kultur* geben) dürfte den Höhepunkt dieser Entwicklung in Freuds Denken bilden und einmal mehr den Widerspruch vieler Analytiker hervorgerufen haben. Jones’ Äußerungen zu dem Buch, das übrigens ein großer Verkaufserfolg wurde, sind, gemessen an der Ausführlichkeit, mit der er andere Werke Freuds kommentiert, von auffallender Zurückhaltung. Ob *Das Unbehagen in der Kultur* allerdings vom psychoanalytischen Establishment beinahe auf eine »schwarze Liste« gesetzt worden wäre[8], scheint zweifelhaft. Zu den unbequemsten Schriften Freuds zählt es aber allemal.

Was hat es mit dem Unbehagen in der Kultur auf sich, was sind seine Ursachen? Freud geht von der einfachen Beobachtung aus, daß die Individuen, unter welchen besonderen kulturellen Bedingungen immer sie existieren, nach persönlichem Glück streben, »sie wollen glücklich werden und so bleiben«. Es ist »das Programm des Lustprinzips, das den Lebenszweck setzt«[9]. Aber schon beginnen die Schwierigkeiten, da Glück im strengen Sinne des Wortes nur als episodisches Phänomen möglich ist: »Jede Fortdauer einer vom Lustprinzip ersehnten Situation ergibt nur ein Gefühl von lauem Behagen; wir sind so eingerichtet, daß wir nur den Kontrast intensiv genießen können, den Zustand nur sehr wenig«[10] – eine Variation des berühmten Ausspruchs Fausts, daß er im Besitz von Genuß (= Glück) nach der Begierde (= Abwesenheit von Glück) schmachte. Freud bestreitet also, daß der Mensch glücklich sein könne: »Man möchte sagen, die Absicht, daß der Mensch ›glücklich‹ sei, ist im Plan der ›Schöpfung‹ nicht enthalten.«[11]

Alle Wege, Unlust zu vermeiden und Glück zu erlangen, führen Freud zufolge in die Sackgasse, denn es gibt drei unversiegbare Quellen des Leidens: zwei natürliche und eine soziale. Die natürlichen Ursachen für die Abwesenheit von Glück liegen in der Übermacht der äußeren Natur und in der Hinfälligkeit des menschlichen Leibes – sie zwingen zur »Ergebung ins Unvermeidliche«[12]. Die dritte Leidensquelle sind die sozialen Institutionen, »welche die Beziehungen der Menschen zueinander in Familie, Staat und Gesellschaft regeln«[13]. Nun ist die Kultur aber gerade dazu geschaffen, die Individuen gegen die Härte der Natur zu sichern, also eigentlich ein Glücksfall. Gleichwohl, sagt Freud, leiden die Menschen unter der Kultur und den von ihr geforderten Anstrengungen, sich vor der Natur zu schützen: »Wir wären viel glücklicher, wenn wir sie [die Kultur] aufgeben und in primitive Verhältnisse zurückfinden würden« – in der

Tat ein »Standpunkt befremdlicher Kulturfeindlichkeit«[14]. Hinzu komme die Erfahrung, daß trotz der inzwischen erreichten Perfektion gesellschaftlicher Naturbeherrschung, trotz der enormen Fortschritte in Wissenschaft und Technik der Mensch keineswegs glücklicher geworden sei; zwar sei er jetzt »sozusagen eine Art Prothesengott«, aber auch in solcher »Gottähnlichkeit« fühle er sich nicht wirklich wohl.[15] Im Gegenteil: »Die Menschen haben es jetzt in der Beherrschung der Naturkräfte so weit gebracht, daß sie es mit deren Hilfe leicht haben, einander bis auf den letzten Mann auszurotten. Sie wissen das, daher ein gut Stück ihrer gegenwärtigen Unruhe, ihres Unglücks, ihrer Angststimmung.«[16]

Die These von der repressiven Gewalt der Kultur, von ihrer Strenge, mit der sie die Einschränkung des individuellen Glücksstrebens zugunsten der Interessen des Kollektivs fordert, ist uns im Verlauf unserer Untersuchung schon öfter begegnet. Daß der »Gegensatz zwischen Kultur und Sexualität«[17], Gesellschaft und Individuum unaufhebbar sei – dieses Motiv durchzieht Freuds Werk von Anfang an. Aber das Unbehagen in der Kultur, das die meisten Menschen verspüren, muß noch andere Gründe haben als die genannten, es muß, laut Freud, »einen von uns noch nicht entdeckten störenden Faktor« geben[18], welcher uns die Kultur so unerträglich erscheinen läßt. An dieser Stelle seiner Abhandlung führt Freud den uns bereits bekannten Todestrieb ein, und zwar in der Spielart des nach außen gerichteten Aggressionstriebes. »Die Existenz dieser Aggressionsneigung [...] ist das Moment, das unser Verhältnis zum Nächsten stört und die Kultur zu ihrem Aufwand nötigt. Infolge dieser primären Feindseligkeit der Menschen gegeneinander ist die Kulturgesellschaft beständig vom Zerfall bedroht. [...] Daher also das Aufgebot von Methoden, die die Menschen zu Identifizierungen und zielgehemmten Liebesbeziehungen antreiben sollen, daher die Einschränkung des Sexuallebens und daher auch das Idealgebot, den Nächsten so zu lieben wie sich selbst, das sich wirklich dadurch rechtfertigt, daß nichts anderes der ursprünglichen menschlichen Natur so sehr zuwiderläuft.«[19] Freud gesteht in diesem Zusammenhang durchaus zu, daß »das große Kulturexperiment«[20], das soeben in Rußland begonnen habe – die Abschaffung des Privateigentums an Produktionsmitteln –, die vorhandene Aggressionsbereitschaft ein Stück weit eindämmen könne. »Aber seine psychologischen Voraussetzungen vermag ich als haltlose Illusion zu erkennen. Mit der Aufhebung des Privateigentums entzieht man der menschlichen Aggressionslust eines ihrer Werkzeuge, gewiß ein starkes, und gewiß nicht das stärkste.«[21] Alle sozialen Reformen könnten nicht verhindern, daß das Individuum »virtuell ein Feind der Kultur« bleibe[22], womit Freud, betrachtet man die gegenwärtige Realität der osteuropäischen Gesellschaften, ohne Zweifel recht hatte.

Aber auch die kulturelle Unterdrückung des Aggressionstriebes gibt für Freud noch nicht die ganze Erklärung für das verbreitete Unbehagen in der Kultur ab. Denn die Frage ist ja bisher nicht beantwortet, welchen Ort die an ihrer äußeren Entfaltung gehinderte Aggression sich sucht und wie sie an diesem Ort wirkt. Da der Aggressionstrieb eine ständige Bedrohung für die Kultur, für alle sozialen (libidinösen) Bindungen darstellt, muß er auf jeden Fall unschädlich gemacht werden. Auf welchem Wege geschieht das? Freud gibt, ausgehend von klinischen Beobachtungen am einzelnen, eine Antwort, die erst so recht plausibel macht, warum sich die Individuen in der Kultur derart unbehaglich fühlen. »Die Aggression wird introjiziert, verinnerlicht, eigentlich aber dorthin zurückgeschickt, woher sie gekommen ist, also gegen das eigene Ich gewendet. Dort wird sie von einem Anteil des Ichs übernommen, das sich als

Über-Ich dem übrigen entgegenstellt und nun als ›Gewissen‹ gegen das Ich dieselbe strenge Aggressionsbereitschaft ausübt, die das Ich gerne an anderen, fremden Individuen befriedigt hätte. Die Spannung zwischen dem gestrengen Über-Ich und dem ihm unterworfenen Ich heißen wir Schuldbewußtsein; sie äußert sich als Strafbedürfnis. Die Kultur bewältigt also die gefährliche Aggressionslust des Individuums, indem sie es schwächt, entwaffnet und durch eine Instanz in seinem Inneren, wie durch eine Besatzung in der eroberten Stadt, überwachen läßt.«[23]

Im folgenden erläutert Freud, warum das Ich bereit ist, sich dem fremden Einfluß und der sturen Unerbittlichkeit des Über-Ichs auszusetzen. Das Motiv sei letztlich in der Abhängigkeit des Individuums von anderen zu suchen, d.h. in seiner Angst vor Liebesverlust. Wer die Liebe des anderen verliert, »büßt [...] auch den Schutz vor mancherlei Gefahren ein, setzt sich vor allem der Gefahr aus, daß dieser Übermächtige ihm in der Form der Bestrafung seine Überlegenheit erweist. Das Böse ist also anfänglich dasjenige, wofür man mit Liebesverlust bedroht wird; aus Angst vor diesem Verlust muß man es vermeiden. Darum macht es auch wenig aus, ob man das Böse bereits getan hat, oder es erst tun will; in beiden Fällen tritt die Gefahr erst ein, wenn die Autorität es entdeckt.«[24] Da aber mit der Etablierung und Internalisierung des Über-Ichs jene Autorität im Individuum stets präsent ist und seiner strengen Kontrolle nichts entgeht – nicht einmal die geheimsten Absichten und Wünsche des Ichs –, ist die Allgegenwärtigkeit von Schuldgefühlen und Strafbedürfnissen unvermeidlich. Es ist nicht mehr eine äußere, Sanktionen androhende Instanz, die den einzelnen einengt, also die Kultur – ich selbst bin es, bzw. der Zensor in mir ist es, der Aggression gegen mich ausübt. Mag das Individuum, wie etwa im Fall seiner sexuellen Triebbedürfnisse, sich auch im Konflikt mit der Gesellschaft und ihren einschränkenden Normen befinden – auch für den späten Freud hat dieser Konflikt nichts von seiner Brisanz verloren –, so ist die Gesellschaft in Gestalt des Über-Ichs und des verinnerlichten Todestriebes doch längst Teil des Individuums geworden. Als die »fünfte Kolonne der Gesellschaft«[25] im Individuum sorgt die Instanz des Über-Ichs dafür, daß die Konflikte, unter denen der Mensch leidet und an denen er krank werden kann, Konflikte des Menschen mit sich selbst sind.

Diese Konflikte sind, folgen wir Freud, unausweichlich. Anfangs sei die Angst vor Liebesverlust – eine Angst, die zum Motor der Gewissensbildung wird – der Grund für die Unterdrückung von Aggressionsneigungen; »aber später kehrt sich das Verhältnis um. Jeder Triebverzicht wird nun eine dynamische Quelle des Gewissens, jeder neue Verzicht steigert dessen Strenge und Intoleranz, und wenn wir es nur mit der uns bekannten Entstehungsgeschichte des Gewissens besser in Einklang bringen könnten, wären wir versucht, uns zu dem paradoxen Satz zu bekennen: Das Gewissen ist die Folge des Triebverzichts; oder: Der (uns von außen auferlegte) Triebverzicht schafft das Gewissen, das dann weiteren Triebverzicht fordert.«[26] Es scheint, daß es sich hier um einen Teufelskreis von Schuld und Sühne, von endlosen Selbstvorwürfen und Selbstbestrafungen für Taten handelt, die nie begangen wurden, aus dem es kein Entrinnen gibt – daher das tiefe Unbehagen in der Kultur.

Vielleicht wird jetzt besser verständlich, was es mit der am Anfang dieser Einführung aufgestellten Behauptung auf sich hat, in der Freudschen Theorie nehme das Individuum eine »tragische« Position ein. Dies gilt zumindest für die späten Arbeiten Freuds, die den Todestrieb und seine Abkömmlinge immer stärker ins Zentrum rücken. Freuds ursprünglicher Triebtheorie mit ihrer Betonung des Konflikts zwischen individuellem sexuellem Wunsch und kultureller Zwangsmoral haftet nichts für das Individuum Tragisches an, auch wenn dieser Konflikt schmerzhaft ist und die Opfer überflüssig sein mögen.[27] Der Kampf zwischen individuellem Glücksstreben und den Anforderungen der Kultur, die ihrerseits auf libidinösen Bindungen der Individuen untereinander basiert, bedeutet, so Freud, lediglich einen »Zwist im Haushalt der Libido«, der einen »endlichen Ausgleich« zulasse.[28] Jedenfalls zeigt sich Freud gegen Ende seines Lebens hier ungewöhnlich optimistisch.

Ganz anders steht es um das Individuum, seit Freud die Existenz eines Todestriebes postuliert. Dieser greift, vermittels der Agentur des Über-Ichs, das Individuum selber an, und zwar um so schärfer, je mehr es auf Lust und die Ausübung von Aggression gegen andere verzichtet. Das Dilemma ist offenkundig. Lebt das Individuum seine Aggressionsneigungen aus, verliert es die Liebe der übrigen Gesellschaftsmitglieder, wird es zum Feind der Kultur und dafür bestraft. Sieht es aber im wohlverstandenen Eigeninteresse von Aggressionshandlungen ab, bestraft es sich selber, weil die unterdrückte Aggression als Selbstaggression wiederkehrt. Die unbewußten Schuldgefühle, die von der Verinnerlichung der Aggression und der Errichtung des Über-Ichs herrühren, sind es, die den Kern des Unbehagens in der Kultur ausmachen.

Freuds Schrift verabschiedet die Idee, der Mensch könne unter den waltenden Umständen irgend glücklich sein. Wie immer er sich entscheiden, was immer er tun mag – er steht unter einem mythischen, undurchschauten Gesetz, das den individuellen Lebensvollzug zum Schicksalsvollzug macht. Die Lehre vom »Streit der Giganten«[29] Eros und Tod, in die *Das Unbehagen in der Kultur* am Ende mündet – eine Lehre, die nun das libidinös begabte Individuum und die Kultur *gemeinsam* auf seiten des Eros, der lebensschaffenden und -erhaltenden Kräfte sieht –, ist so übermenschlich dimensioniert, daß das Glücksstreben und die Glücksmöglichkeiten des einzelnen für die Zukunft der Kultur relativ bedeutungslos werden. Von Bedeutung ist jetzt allein noch der ungewisse Ausgang des mythischen Kampfs zwischen Lebenstrieb und Todestrieb: »Die Schicksalsfrage der Menschheit scheint mir zu sein, ob und in welchem Maße es ihrer Kulturentwicklung gelingen wird, der Störung des Zusammenlebens durch den menschlichen Aggressions- und Selbstvernichtungstrieb Herr zu werden.«[30]

Dieser Befund ist heute aktueller denn je. Aus der Sicht des einzelnen freilich, der ja, wie Freud auch wußte, der Schimäre privaten Glücks unablässig nachjagt, mutet der Befund verheerend an. Aber Freuds unsentimentale Menschenliebe, von der er in einer Geburtstagsadresse an Romain Rolland spricht[31], bewegte ihn dazu, auch noch diese Kränkung des individuellen Narzißmus auszusprechen. Trost zu spenden war nicht seine Art, auch wenn die Menschen das erwarten, »die wildesten Revolutionäre nicht weniger leidenschaftlich als die bravsten Frommgläubigen«[32].

Schluß

Freud hat seine letzte Trieblehre – die Lehre vom alles determinierenden Antagonismus von Lebens- und Todestrieben – einmal »sozusagen unsere Mythologie« genannt: »Die Triebe sind mythische Wesen, großartig in ihrer Unbestimmtheit.«[1] Diese Äußerung erscheint im Hinblick auf einen Mann wie Freud, der sich zeitlebens einem von naturwissenschaftlichem Denken geprägten Wissenschaftsideal verpflichtet fühlte, als höchst merkwürdig, ja befremdlich. Sind wir am Ende des Freudschen Weges bei einem mythischen, vorwissenschaftlichen Weltbild angelangt?

Auf den mythologisierenden, metaphorisierenden und unhistorischen Zug der Psychologie des Unbewußten ist häufig kritisch verwiesen worden, und keineswegs nur von Gegnern der Psychoanalyse. Ebenso auf den durchgehaltenen Psychologismus Freuds, der soziale Phänomene auf psychische (unbewußte) Vorgänge reduziere und damit die Objektivität und Eigengesetzlichkeit gesellschaftlicher Prozesse, die sich eben nicht auf Psychologie zurückführen ließen, verkenne. Die Kritik an der Psychoanalyse kulminiert in dem Vorwurf, daß mit der Verabsolutierung des Triebkonzepts Geschichte insgesamt naturalisiert werde und daß solche Naturalisierung von Geschichte und Gesellschaft dazu führe, daß am Ende der historische Prozeß, wie bei Nietzsche und Spengler, als gleichgültiger Kreislauf, als »ewige Wiederkehr des Gleichen« erscheine, der dem bekannten »bürgerlichen Pessimismus«[2] Tor und Tür öffne. Von feministischer Seite wird dieser Vorwurf durch den Befund ergänzt, Freuds Naturalismus bzw. Biologismus habe das Verhältnis der Geschlechter patriarchalisch festgeschrieben und der Frau psychologisch und gesellschaftlich einen untergeordneten Platz zugewiesen.[3]

Alle diese kritischen Einwände, die auf die immanenten Mythologisierungstendenzen in Freuds Werk zielen, sind nicht mit leichter Hand beiseite zu schieben. Daß die Frauen, um nur diesen Kritikpunkt herauszugreifen, primär die Interessen der Familie und der Sexualität verträten und zur Sublimierung nur begrenzt fähig seien, während Kulturarbeit Sache der Männer sei[4] – das ist allerdings ein Stück männlicher Mythologie, geboren aus Sexualangst und Abwehr. Freilich war der Wissenschaftler Freud, im Unterschied zu seinen Zeitgenossen Otto Weininger und Karl Kraus, die, homosexuell affiziert, im »Weib« letztlich nur den Abgrund bzw. die »Erlösung von allem Übel« witterten, redlich genug zuzugestehen, daß für ihn die Sexualität der Frau ein »dark continent« sei.[5]

Freuds Rekurs auf mythische Bilder und Vergleiche ist nicht, wie man denken könnte, eine Marotte des Alters oder ein Ausdruck wissenschaftlicher Resignation – er entspringt vielmehr der Sache selbst. Bereits Freuds frühe und folgenreiche Entdeckung der Macht ödipaler Wünsche bedient sich bei ihrer wissenschaftlichen Formulierung eines antiken Mythos: eben dem des König Ödipus. Darüber hinaus finden wir im gesamten Werk Freuds und in seiner Korrespondenz eine Vielzahl mythologischer Referenzen, die den Gedanken nahelegen, hier handle es sich nicht um die private Vorliebe eines klassisch gebildeten Autors, sondern um einen Zwang, der mit dem Gegenstand der Psychoanalyse, dem Unbewußten, zu tun hat. Das Unbewußte ist Freud zufolge dasjenige, was aus dem Diskurs einer wissenschafts- und fortschrittsgläubigen Zeit herausgefallen ist: »Es ist das Abgewertete, das Unterdrückte, Verdrängte und Abgewehrte, worunter das Infantile zu verstehen ist, dann das Weibliche als das dem herrschenden patriarchalischen Realitätsprinzip Entgegengesetzte, weiterhin die unteren Gesellschaftsschichten und schließlich die Juden [...].«[6] Freud wollte, wie das Motto der *Traumdeutung* verrät, »die Unterwelt bewegen«, und wir wissen, daß er dieses Motto nicht direkt der *Äneis* entnahm, sondern einem Buch des Sozialistenführers Ferdinand Lassalle, der die »Unterwelt« des Industrieproletariats politisch bewegen wollte.[7]

Die »Unterwelt« ist das nach den Standards des herrschenden Wissenschaftsbetriebes »Irrationale«, das Unverständliche und Beängstigende, das man lieber aus der Diskussion verbannt. Als Freud der Herkunft der Neurosen auf der Spur war, wurde er mit diesem Irrationalen massiv konfrontiert; wollte er vor der irrationalen Gewalt hysterischer Phänomene nicht kapitulieren, mußte er eine Sprache suchen, die dem rätselvollen Unbewußten angemessen war. Die mythologisierende Sprache der Psychoanalyse, ihre Anlehnung an zeitlose Erzählungen und Bilder entspricht am ehesten der aufklärerischen Absicht Freuds, das Dunkle und Zeitlose unbewußter Vorgänge zur Darstellung zu bringen. »Der Mythos klammert das Irrationale im Gegensatz zu den traditionellen Formen der Aufklärung nicht aus, sondern verleiht ihm eine anschauliche Gestalt und damit auch eine erste Form von Rationalität. In der Remythologisierung gewinnt Freud damit Zugang zu einem Bereich, welcher als Gegenstand dem Wissenschaftsbetrieb seiner Zeit schon verlorengegangen war.«[8]

Indem Freuds Denken »zwischen Mythos und Aufklärung«, zwischen Bildhaftigkeit und strenger Wissenschaftssprache oszilliert, bewegt es sich auf einem Reflexionsniveau, welches »das Andere der Vernunft« nicht als Fremdes und Bedrohliches abwehren muß, sondern zulassen kann. Solches Zulassenkönnen ist freilich für den, der es an sich geschehen läßt, ein schmerzlicher Vorgang. Die »Arbeit am Mythos« (Hans Blumenberg), welche die Psychoanalyse Freuds vollbringt, bricht mit dem Zentralmythos der Neuzeit, dem zufolge die Individuen Herren im eigenen Haus sind. Daß sie es nicht sind, daß nicht »unser Gott Logos«[9] herrscht, daß unter der Decke der Rationalität mythische Unwesen schlummern und sich gelegentlich melden – diese Erkenntnis verdanken wir der Selbstanalyse und Selbsterkenntnis Freuds. Solch avancierte Gestalt von Selbsterkenntnis »ist nicht mehr Selbstermächtigung, sie besteht vielmehr in einer Desillusionierung der Autonomieansprüche des rationalen Ich. In dieser Art von Selbsterkenntnis zerbricht das Ideal des autonomen Vernunftmenschen und gibt die Angst- und Verdrängungsstruktur preis, die es im Innern barg.«[10]

Weil Freud sich der phantastischen Sprache des Unbewußten öffnete und es aus dem Gefängnis der Unterwelt entließ, entging er den Fallstricken einer Dialektik der Aufklärung, in der Aufklärung, Naturbeherrschung und Herrschaft von Menschen über Menschen unentwirrbar verquickt sind. Mit der Psychologie des Unbewußten, so darf gesagt werden, trat ein neuer Typ von Aufklärung auf die historische Bühne. Daß er bis heute (und bis weit in die Reihen der Psychoanalytiker hinein) auf Widerstand stößt – dies war bisher noch immer das Schicksal radikaler Aufklärung.

Anhang

Anmerkungen

Die Schriften Freuds werden, wo nicht ausdrücklich anders vermerkt, zit. nach: S. Freud, Gesammelte Werke (GW), Bd. I-XVII, unter Mitwirkung von M. Bonaparte hrsg. von A. Freud / E. Bibring / W. Hoffer / E. Kris / O. Isakower, London/Frankfurt/M. 1940 ff.

Einleitung

1 A. Gehlen, Urmensch und Spätkultur. Philosophische Ergebnisse und Aussagen, Frankfurt/M. 1975, S. 116.

2 V. Nabokov, Sprich, Erinnerung, sprich. Wiedersehen mit einer Autobiographie, Reinbek 1984, S. 19.

3 R. Jacoby, Die Verdrängung der Psychoanalyse oder Der Triumph des Konformismus, Frankfurt/M. 1985, S. 166 ff.

4 Vgl. H.-M. Lohmann (Hg.), Das Unbehagen in der Psychoanalyse. Eine Streitschrift, Frankfurt/M./Paris 1983; ders. (Hg.), Die Psychoanalyse auf der Couch, Frankfurt/M./Paris 1984; Institutsgruppe Psychologie der Universität Salzburg (Hg.), Jenseits der Couch. Psychoanalyse und Sozialkritik, Frankfurt/M. 1984.

5 M. Jay, Dialektische Phantasie. Die Geschichte der Frankfurter Schule und des Instituts für Sozialforschung, Frankfurt/M. 1976, S. 113.

6 R. Reiche, Sexualität und Klassenkampf. Zur Abwehr repressiver Entsublimierung, Frankfurt/M. 1968; Psychoanalyse und Marxismus. Dokumentation einer Kontroverse, hrsg. und eingel. von H.-J. Sandkühler, Frankfurt/M. 1970; H. P. Gente (Hg.), Marxismus, Psychoanalyse, Sexpol, 2 Bde., Frankfurt/M. 1970 und 1972; H. Dahmer, Libido und Gesellschaft. Studien über Freud und die Freudsche Linke, Frankfurt/M. 1973; M. Schneider, Neurose und Klassenkampf. Mate-

rialistische Kritik und Versuch einer emanzipativen Neubegründung der Psychoanalyse, Reinbek 1973.

7 Auf das schwierige Verhältnis zwischen Marx und Freud hat J. Améry (Weiterleben – aber wie? Essays 1968-1978, Stuttgart 1982, S. 59) bereits 1969 hingewiesen: »Unmöglich [...], die Zeit geistig zu bestehen ohne Freud und Marx, und aussichtslos, Freud und Marx zu vereinen«; vgl. auch H. Dahmer, Libido und Gesellschaft, a.a.O., S. 257 ff.

8 C. E. Schorske, Wien. Geist und Gesellschaft im Fin de Siècle, Frankfurt/M. 1982, S. 171.

9 M. Horkheimer/Th. W. Adorno, Dialektik der Aufklärung. Philosophische Fragmente, Amsterdam 1947, S. 71.

10 Vgl. Y. Gabriel, Unbehagen und Illusionen in der psychoanalytischen Kulturtheorie, in: Psyche, 1, 1986, S. 30 f.

11 Vgl. M. Brumlik, Die Renaissance der Gottmenschen. C.G. Jung und seine Jünger, in: Psychologie heute, 2, 1986, S. 51 ff.

12 Th. Mann, Die Stellung Freuds in der modernen Geistesgeschichte, in: ders., Schriften und Reden zur Literatur. Kunst und Philosophie 1, Frankfurt/M. 1968, S. 382.

13 J. Starobinski, Psychoanalyse und Literatur, Frankfurt/M. 1973, S. 91 f.

1. Der Königsweg zum Unbewußten

1 GW II/III, S. X.

2 A. Lorenzer, Intimität und soziales Leid. Archäologie der Psychoanalyse, Frankfurt/M. 1984, S. 122.

3 Vgl. GW VIII, S. 73.

4 S. Freud, Aus den Anfängen der Psychoanalyse. Briefe an Wilhelm Fließ. Abhandlungen und Notizen aus den Jahren 1887-1902, London 1950, S. 182.

5 Ebenda, S. 238. Im Ödipus-Drama läßt Sophokles im 3. Auftritt Jokaste gegenüber Ödipus sagen: »So mancher von den Sterblichen hat schon im Traume/ Gelegen bei der Mutter! Doch wer solche Dinge/ Für nichts nimmt, trägt am leichtesten das Leben!« König Ödipus, übertr. und hrsg. von W. Schadewaldt, Frankfurt/M. 1973, S. 47 f.

6 GW XVII, S. 119 f.

7 GW II/III, S. 267.

8 Ebenda, S. 269.

9 Ebenda.

10 Ebenda, S. 1.

11 O. Mannoni, Sigmund Freud in Selbstzeugnissen und Bilddokumenten, Reinbek 1971, S. 54.

12 Vgl. dazu G. Devereux, Normal und anormal. Aufsätze zur allgemeinen Ethnopsychiatrie, Frankfurt/M. 1974; ders., Angst und Methode in den Verhaltenswissenschaften, München 1973.

13 Z.B. bereits im 16. Jahrhundert der Schriftsteller Michel de Montaigne; vgl. P. Burke, Montaigne zur Einführung, 2. Aufl., Hamburg 1993, S. 64.

14 Vgl. GW II/III, S. 110 ff.

15 Ebenda, S. 613.

16 Ebenda, S. 566.

17 Ebenda, S. 552.

18 Ebenda, S. 554.

19 Ebenda, S. 559.

20 Ebenda, S. 554.

21 Ebenda, S. 140.

22 Ebenda, S. 141.

23 Ebenda, S. 147.

24 Ebenda, S. 166; vgl. auch GW XV, S. 30.

25 GW II/III, S. 530.

26 Ebenda, S. 284.

27 Ebenda, S. 664.

28 Ebenda, S. 310.

29 Vgl. GW IV.

30 Vgl. GW VI.

31 GW II/III, S. 613.

32 GW XV, S. 6.

33 Ebenda, S. 29.

34 Ebenda, S. 30.

35 GW II/ III, S. 572 f.

2. Das Ende der Unschuld

1 GW V, S. 25.

2 Ebenda, S. 32; vgl. auch GW XIV, S. 105.

3 Vgl. E. Jones, Das Leben und Werk von Sigmund Freud, Bd. II, Bern/Stuttgart/Wien 1962, S. 26, 340.

4 GW X, S. 60.

5 Zur Kritik der Freud-Legende vgl.: H. F. Ellenberger, Die Entdeckung des Unbewußten, Bd. II, Bern/Stuttgart/Wien 1973, S. 403 ff., 693 f., 761 ff.; F. J. Sulloway, Freud, Biologe der Seele. Jenseits der psychoanalytischen Legende, Köln 1982, S. 387 f.; M. Jahoda, Freud und das Dilemma der Psychologie, Frankfurt/M. 1985, S. 160 ff.; A. Lorenzer, Intimität und soziales Leid, a.a.O., S. 9.

6 Die Fackel, Nr. 191, 21.12.1905, S. 7.

7 GW V, S. 91, 156.

8 R.W. Clark, Sigmund Freud, Frankfurt/M. 1981, S. 266.

9 GW V, S. 71.

10 Ebenda, S. 44 f.

11 Nach Jones (Das Leben und Werk von Sigmund Freud, Bd. I, Bern/Stuttgart/Wien 1960, S. 406) hoffte Freud selbst, »seine Sexualtheorie werde bald allgemein anerkannt und darum veraltet sein«.

12 Vgl. auch GW V, S. 149 ff.

13 Vgl. GW I, S. 425 ff.

14 S. Freud, Aus den Anfängen der Psychoanalyse, a.a.O., S. 229 ff.; Freuds neuerdings wieder heftig kritisierte Abkehr von der Verführungstheorie bzw. die Wende zur »psychischen Realität«, die ja die eigentliche Geburtsstunde der Psychoanalyse darstellt, war, auch wenn häufig das Gegenteil behauptet wird, niemals vollständig. Noch acht Jahre nach seinem Brief an Fließ notiert Freud (GW V, S. 91), daß in der Ätiologie der Neurose »der Einfluß der Verführung [voransteht], die das Kind vorzeitig als Sexualobjekt behandelt und es unter eindrucksvollen Umständen die Befriedigung von den Genitalzonen kennen lehrt, welche sich onanistisch zu erneuern es dann meist gezwungen bleibt, [...] wenngleich ich damals noch nicht wußte, daß normal gebliebene Individuen in ihren Kinderjahren die nämlichen Erlebnisse gehabt haben können, und darum die Verführung höher wertete als die in der sexuellen Konstitution und Entwicklung

gegebenen Faktoren«. Auch später hat Freud diese relativistische
Sicht beibehalten (vgl. etwa GW XIV, S. 60).

15 GW V, S. 156.
16 GW XIV, S. 60.
17 Ebenda, S. 63.
18 GW V, S. 81 f.
19 Ebenda, S. 156.
20 Ebenda, S. 75.
21 Ebenda, S. 156 f.
22 Ebenda, S. 44.
23 Ebenda, S. 78.
24 Ebenda, S. 79.
25 Th. Mann, Die Stellung Freuds in der modernen Geistesgeschichte,
   a.a.O., S. 367 ff.; ders., Freud und die Zukunft, in: S. Freud, Abriß der
   Psychoanalyse. Das Unbehagen in der Kultur, Frankfurt/M./Ham-
   burg 1953, S. 133 ff.
26 GW VII, S. 167.
27 Ebenda, S. 160.
28 Ebenda, S. 162.

3. Der Preis der Wahrhaftigkeit

1 S. Freud, Aus den Anfängen der Psychoanalyse, a.a.O., S. 152.
2 Ebenda, S. 173.
3 GW XV, S. 163.
4 Ebenda, S. 169.
5 GW X, S. 60.
6 S. Freud/L. Andreas-Salomé, Briefwechsel, hrsg. von E. Pfeiffer, Frank-
   furt/M. 1980, S. 22 f.
7 GW X, S. 328 f.
8 Ebenda, S. 331.
9 Ebenda.
10 Ebenda, S. 336; vgl. auch GW XIV, S. 106.
11 Brief an Dr. van Eeden, zit. nach: E. Jones, Das Leben und Werk von
   Sigmund Freud, Bd. II, a.a.O., S. 434.
12 GW X, S. 338.

13 Ebenda, S. 334.

14 Ebenda, S. 339.

15 Vgl. O. Marquard, Schwierigkeiten mit der Geschichtsphilosophie, Frankfurt/ M. 1973, S. 90.

16 Zit. nach: E. Jones, Das Leben und Werk von Sigmund Freud, a.a.O., S. 434.

17 GW X, S. 339.

18 Ebenda, S. 340.

19 GW XII, S. 8.

20 Ebenda, S. 11; vgl. auch GW XIV, S. 109.

21 GW XII, S. 12.

22 GW X, S. 341.

23 Ebenda.

24 Ebenda, S. 350.

25 Ebenda.

26 Vgl. GW IX.

27 GW X, S. 354.

28 Vgl. GW VI.

29 GW X, S. 354.

30 Ebenda.

31 Auf Freuds Beziehung zu Schopenhauer und Nietzsche hat Thomas Mann (Die Stellung Freuds in der modernen Geistesgeschichte, a.a.O.) frühzeitig hingewiesen; Freuds Nähe zu Hobbes hat E. Waibl (Gesellschaft und Kultur bei Hobbes und Freud, Wien 1980) herausgearbeitet.

32 GW VI, S. 121.

4. Das Rätsel des Lebens

1 Brief an Arthur Schnitzler vom 14.5.1922, zit. nach: E. Jones, Das Leben und Werk von Sigmund Freud, a.a.O., S. 514; Genaueres zum Verhältnis Freuds zu Schnitzler bei: M. Worbs, Nervenkunst. Literatur und Psychoanalyse im Wien der Jahrhundertwende, Frankfurt/M. 1983, S. 179 ff.

2 Vgl. E. Jones, Das Leben und Werk von Sigmund Freud, a.a.O., S. 327 ff.; R. W. Clark, Sigmund Freud, a.a.O., S. 487; J. N. Isbister, Freud. An Introduction to his Life and Work, Cambridge/Oxford 1985, S. 231 f.; eine der raren Ausnahmen bildet: K. R. Eissler (Todestrieb, Ambiva-

lenz, Narzißmus, München 1980), der Freuds Todestriebkonzept generell verteidigt und dessen biologische Spekulation weiterführt.

3 Zit. nach: M. Schur, Sigmund Freud. Leben und Sterben, Frankfurt/M. 1973, S. 392.

4 R.W. Clark, Sigmund Freud, a.a.O., S. 487.

5 GW XIII, S. 47.

6 Ebenda, S. 23; auf den spekulativen Charakter der Todestrieblehre verweist eindringlich auch: A. Mitscherlich (Die Idee des Friedens und die menschliche Aggressivität, in: ders., Gesammelte Schriften, Bd. V, Frankfurt/M. 1983, S. 349), wenn er schreibt: »Dies ist ein Stück philosophischen Sinnverstehens geblieben. Empirisch ist es schwer zu bewahrheiten.«

7 GW XIV, S. 478 f.

8 GW X, S. 137 ff.

9 GW XIII, S. 57; vgl. auch GW XIV, S. 105.

10 GW XIII, S. 9 ff.

11 Ebenda, S. 11 ff.

12 Ebenda, S. 21.

13 Ebenda, S. 22.

14 O. Mannoni, Sigmund Freud in Selbstzeugnissen und Bilddokumenten, a.a.O., S. 137.

15 GW XIII, S. 38.

16 Ebenda.

17 Ebenda, S. 39.

18 Ebenda, S. 40.

19 Ebenda, S. 60.

20 Ebenda, S. 69.

21 Ebenda, S. 66.

22 Ebenda, S. 58 f.

23 Ebenda, S. 66.

24 Ebenda, S. 64 f.

25 Ebenda, S. 235 ff.; vgl. auch GW XVII, S. 70 ff.

26 R. Páramo-Ortega, Das Unbehagen an der Kultur, München/Wien/Baltimore 1985, S. 119.

27 Vgl. H.-M. Lohmann, Wie harmlos dürfen Psychoanalytiker sein? Notizen zur verdrängten Thanatologie, in: ders. (Hg.), Das Unbehagen in der Psychoanalyse. Eine Streitschrift, a.a.O., S. 50 ff.

28 GW XIV, S. 373.

29 O. Mannoni, Sigmund Freud in Selbstzeugnissen und Bilddokumenten, a.a.O., S. 140.

30 GW XVII, S. 72; vgl. auch GW XIV, S. 478.

5. Der Führer ante portas

1 GW XIII, S. 73.

2 E. Jones, Das Leben und Werk von Sigmund Freud, Bd. III, a.a.O., S. 394 ff.

3 GW XIII, S. 98.

4 Ebenda, S. 100.

5 Ebenda, S. 102.

6 Ebenda, S. 106.

7 Ebenda, S. 108.

8 Ebenda, S. 111.

9 Ebenda, S. 117.

10 Freud benutzt den Begriff der Identifizierung in seinen Schriften in durchaus unterschiedlicher Weise. Identifizierung meint meistens die Übernahme und Verinnerlichung von Objekten (Eltern und anderen wichtigen Bezugspersonen) und der von ihnen vertretenen Normen und Wertvorstellungen, was zur psychischen Strukturierung und Differenzierung beim Individuum führt. Bei diesem Typus von Identifizierung spielt in der Regel Ambivalenz gegenüber dem Objekt eine Rolle, d.h., die Identifizierung ist nie vollständig, sie läßt auch Einschränkungen und Kritik zu. Demgegenüber bezeichnet Freud in *Massenpsychologie und Ich-Analyse* mit Identifizierung einen Beziehungsmodus, in dem ein Objekt in der Position des externalisierten Über-Ichs an die Stelle des Ichideals tritt, dieses substituiert, vollkommen zum Schweigen bringt – solche Identifizierung beruht eher auf dem oralen Modus der Einverleibung als auf dem strukturbildender Internalisierung. M. Mitscherlich (Müssen wir hassen? Über den Konflikt zwischen innerer und äußerer Realität, München 1976, S. 181 f.) hat zur begrifflichen Unterscheidung der beiden Typen von Identifizierung vorgeschlagen, von »partieller« und »totaler« zu sprechen.

11 Thomas Manns Novelle, am Vorabend der Herrschaft des National-sozialismus und im selben Jahr (1930) erschienen wie Freuds Schrift *Das Unbehagen in der Kultur,* scheint ohne den Einfluß der Lektüre der Freudschen Massenpsychologie kaum denkbar. Manche Passagen der Novelle, insbesondere jene, wo Mann die hypnotische Beziehung des »Führers« Cipolla zu seinem Publikum beschreibt, lesen sich wie dichterische Ausführungen und Kommentare zu Freuds *Massenpsychologie und Ich-Analyse.*

12 GW XIII, S. 128.

13 Ebenda, S. 129.

14 Vgl. GW IX.

15 GW XIII, S. 137.

16 Ebenda, S. 142.

17 GW VII, S. 154.

6. Der Triumph der Priester

1 E. Federn, Der Gruppenwiderstand gegen die Veröffentlichung der »Protokolle der Wiener Psychoanalytischen Vereinigung 1906-1918«, in: H.-M. Lohmann (Hg.), Die Psychoanalyse auf der Couch, a.a.O., S. 24; vgl. auch GW X, S. 64 f.

2 Vgl. S. Freud/O. Pfister, Briefe 1909-1939, hrsg. von E. L. Freud/H. Meng, Frankfurt/M. 1980.

3 Vgl. S. Freud/L. Andreas-Salomé, Briefwechsel, a.a.O.

4 Vgl. Psychoanalyse und Marxismus. Dokumentation einer Kontroverse, a.a.O.

5 F. Wittels, Die Laienanalyse, in: Die Weltbühne, 1926, S. 889; vgl. auch R. W. Clark, Sigmund Freud, a.a.O., S. 502 ff.

6 S. Freud/O. Pfister, Briefe, a.a.O., S. 81 f.

7 H. Sachs, Freud. Meister und Freund, Frankfurt/M./Berlin/Wien 1982, S. 146.

8 GW XIV, S. 110; vgl. auch GW XVII, S. 51 f.

9 GW XIV, S. 209.

10 Ebenda, S. 283.

11 Ebenda, S. 273.

12 Ebenda, S. 290 f.; vgl. auch GW XVI, S. 32.

13 T. Reik, Dreißig Jahre mit Sigmund Freud, München 1976, S. 41.

14 Vgl. E. Jones, Das Leben und Werk von Sigmund Freud, Bd. III, a.a.O., S. 344.

15 Der Konstruktion der Person jenes »Unparteiischen« liegt eine tatsächliche Unterredung Freuds mit einem Vertreter der Gesundheitsbehörde zugrunde. Eissler zufolge (Medical Orthodoxy and the Future of Psychoanalysis, New York 1965, S. 37, Anm.) handelte es sich bei dieser Person um den Wiener Physiologen Arnold Durig, während H. Leupold-Löwenthal (Zur Geschichte der Frage der Laienanalyse, in: Psyche, 2, 1984, S. 99) den Anatomieprofessor Julius Tandler nennt, der damals sozialdemokratischer Stadtrat für das Gesundheitswesen war. In der Tat kann man davon ausgehen, daß im seinerzeit »roten Wien« mit seinen immensen sozial- und gesundheitspolitischen Problemen auf seiten der Linken eine beträchtliche Bereitschaft vorhanden war, der Psychoanalyse aufgeschlossen zu begegnen.

16 GW XIV, S. 289.

17 Vgl. K. Kennel, Überlegungen zur Frage der Laienanalyse, in: H.-M. Lohmann (Hg.), Die Psychoanalyse auf der Couch, a.a.O., S. 214.

18 GW XIV, S. 336.

19 R. Heim, Die Psychoanalyse und ihre Stellung zur herrschenden gesellschaftlichen Rationalität, in: H.-M. Lohmann (Hg.), Die Psychoanalyse auf der Couch, a.a.O., S. 181; das Zitat im Zitat stammt von Th. W. Adorno.

20 GW XIV, S. 263.

21 Ebenda, S. 288.

22 Ebenda, S. 273.

23 Ebenda, S. 293.

24 K. Kennel, Überlegungen zur Frage der Laienanalyse, a.a.O., S. 217.

25 GW XIV, S. 283.

26 Zit. nach: E. Jones, Das Leben und Werk von Sigmund Freud, Bd. III, a.a.O., S. 351.

27 GW XIV, S. 285.

28 Vgl. K. Kennel, Überlegungen zur Frage der Laienanalyse, a.a.O., S. 213.

29 Ebenda.

30 GW XIV, S. 291.

31 Ebenda, S. 109.
32 GW XVII, S. 52.

7. Der Kampf der Giganten

1 Vgl. R.W. Clark, Sigmund Freud, a.a.O., S. 530; der Gesprächspartner war Freuds früherer Analysand René Laforgue.
2 GW XIV, S. 440.
3 Vgl. H. Wollschläger, Die Gegenwart einer Illusion. Reden gegen ein Monstrum, Zürich 1978.
4 GW VII, S. 127 ff.
5 S. Freud/O. Pfister, Briefe, a.a.O., S. 136.
6 Ebenda, S. 8.
7 GW XIV, S. 326 f.
8 R. Páramo-Ortega, Das Unbehagen an der Kultur, a.a.O., S. 15.
9 GW XIV, S. 433 f.
10 Ebenda, S. 434.
11 Ebenda.
12 Ebenda, S. 444.
13 Ebenda.
14 Ebenda, S. 445.
15 Ebenda, S. 451.
16 Ebenda, S. 506.
17 Ebenda, S. 467.
18 Ebenda, S. 468.
19 Ebenda, S. 471.
20 Ebenda, S. 330.
21 Ebenda, S. 472 f.
22 Ebenda, S. 327.
23 Ebenda, S. 482 f.
24 Ebenda, S. 483 f.
25 Y. Gabriel, Unbehagen und Illusionen in der psychoanalytischen Kulturtheorie, a.a.O., S. 28.
26 GW XIV, S. 488.
27 Herbert Marcuse (Triebstruktur und Gesellschaft. Ein philosophischer Beitrag zu Sigmund Freud, Frankfurt/M. 1970, S. 40) hat Sig-

mund Freuds Triebtheorie insofern einer Kritik unterzogen, als er zwischen einer Triebunterdrückung, »die für das Fortbestehen der menschlichen Rasse in der Kultur unerläßlich ist«, und einer Beschränkung der Triebe unterscheidet, die zur Aufrechterhaltung (aktueller) sozialer Herrschaft notwendig und deshalb historisch überflüssig ist.

28 GW XIV, S. 501.
29 Ebenda, S. 481.
30 Ebenda, S. 506.
31 Ebenda, S. 553.
32 Ebenda, S. 506.

Schluß

1 GW XV, S. 101; vgl. auch GW XVI, S. 23.
2 Vgl. K. Horn, Wie kommen wir zu einer »konstitutionellen Intoleranz« gegen den Krieg? Anmerkungen zum Einstein-Freud-Briefwechsel – 50 Jahre danach, in: Psyche, 12, 1984, S. 1085 f.
3 Zur Kritik und Weiterentwicklung von Freuds Theorie der Weiblichkeit aus psychoanalytisch-feministischer Sicht vgl. insbesondere die Arbeiten von: M. Mitscherlich, Das Ende der Vorbilder, München 1982; dies., Die friedfertige Frau. Eine psychoanalytische Untersuchung zur Aggression der Geschlechter, Frankfurt/M. 1985; vgl. auch J. Mitchell, Psychoanalyse und Feminismus. Freud, Reich, Laing und die Frauenbewegung, Frankfurt/M. 1976.
4 GW XIV, S. 463.
5 Ebenda, S. 241.
6 R. Vogt, Psychoanalyse zwischen Mythos und Aufklärung oder Das Rätsel der Sphinx, Frankfurt/M./New York 1986, S. 120.
7 Ebenda.
8 Ebenda, S. 106.
9 GW XIV, S. 378.
10 G. Böhme, Freuds Schrift »Das Unbewußte«, in: Psyche, 8, 1986, S. 776.

Literaturhinweise

1. Werke und Briefe

a) Werke

Gesammelte Werke, Bd. I-XVIII, unter Mitwirkung von Marie Bonaparte hrsg. von A. Freud/E. Bibring/W. Hoffer/E. Kris/O. Isakower, London/Frankfurt/M. 1940 ff.

Gesammelte Werke, Nachtragsband, hrsg. von A. Richards unter Mitwirkung von I. Grubrich-Simitis, Frankfurt/M. 1987.

Studienausgabe, Bd. 1-10 und Ergänzungsband, hrsg. von A. Mitscherlich/A. Richards/J. Strachey; Ergänzungsband hrsg. von A. Mitscherlich/A. Richards/J. Strachey/I. Grubrich-Simitis, Frankfurt/M. 1969 ff.

The Standard Edition of the Complete Psychological Works of Sigmund Freud, Bd. 1-14, hrsg. von J. Strachey in Zusammenarbeit mit A. Freud/A. Strachey/A. Tyson, Mitarbeit von A. Richards, London 1953 ff.

Zur Auffassung der Aphasien. Eine kritische Studie, hrsg. von P. Vogel, bearb. von I. Meyer-Palmedo, eingel. von W. Leuschner, Frankfurt/M. 1992.

Schriften über Kokain, hrsg. und eingel. von A. Hirschmüller, Frankfurt/M. 1996.

[Zusammen mit J. Breuer:] Studien über Hysterie, Reprint der Erstausgabe von 1895, Frankfurt/M. 1995.

b) Briefe, Briefwechsel und Tagebücher

Briefe 1873-1939, hrsg. von E. Freud/L. Freud, Frankfurt/M. 1980.

Briefe an Edward L. Bernays, in: E.L. Bernays, Biographie einer Idee. Die Hohe Schule der PR. Lebenserinnerungen, Düsseldorf/Wien 1967.

Brautbriefe. Briefe an Martha Bernays aus den Jahren 1882-1886, ausgew., hrsg. und eingel. von E.L. Freud, Frankfurt/M. 1971.

Briefe an Wilhelm Fließ 1887-1904, hrsg. von J.M. Masson, bearb. von M. Schröter, Frankfurt/M. 1986.

Sieben Briefe und zwei Postkarten an Emil Fluß, in: S. Freud, Selbstdarstellung. Schriften zur Geschichte der Psychoanalyse, hrsg. und eingel. von I. Grubrich-Simitis, Frankfurt/M. 1971.

Briefe an Georg Groddeck, in: G. Groddeck, Der Mensch und sein Es, hrsg. von M. Honegger, Wiesbaden 1970.

Briefe und Postkarten an Smith Ely Jelliffe, in: J.C. Burnham, Jelliffe: American Psychoanalyst and Physician, hrsg. von W. McGuire, Chicago/London 1983.

Vier Briefe an Thomas Mann, in: Th. Mann, Briefwechsel mit Autoren, hrsg. von H. Wysling, Frankfurt/M. 1988.

Briefe an James Jackson Putnam, in: James Jackson Putnam and Psychoanalysis. Letters between Putnam and Sigmund Freud, Ernest Jones, William James, Sándor Ferenczi, and Morton Prince, 1877-1917, hrsg. von N.G. Hale jun., Cambridge 1971.

Jugendbriefe an Eduard Silberstein 1871-1881, hrsg. von W. Boehlich, Frankfurt/M. 1989.

Briefe an Stefan Zweig, in: St. Zweig, Briefwechsel mit Hermann Bahr, Sigmund Freud, Rainer Maria Rilke und Arthur Schnitzler, hrsg. von J.B. Berlin/H.-U. Lindken/D.A. Prater, Frankfurt/M. 1987.

S. Freud/K. Abraham, Briefe 1907-1926, hrsg. von H.C. Abraham/E.L. Freud, Frankfurt/M. 1980.

S. Freud/L. Andreas-Salomé, Briefwechsel, hrsg. von E. Pfeiffer, Frankfurt/M. 1980.

S. Freud/L. Binswanger, Briefwechsel 1908-1938, hrsg. von G. Fichtner, Frankfurt/M. 1992.

S. Freud/S. Ferenczi, Briefwechsel, hrsg. von E. Brabant/E. Falzeder/ P. Giampieri-Deutsch unter der wissenschaftl. Leitung von A. Haynal, Transkript von I. Meyer-Palmedo, Wien/Köln/Weimar 1993 ff.

S. Freud/G. Groddeck, Briefe über das Es, hrsg. von M. Honegger, München 1974.

The Complete Correspondance of Sigmund Freud and Ernest Jones 1908-1939, hrsg. von R.A. Paskauskas, Cambridge/London 1993.

S. Freud/C.G. Jung, Briefwechsel, hrsg. von W. McGuire/W. Sauerländer, Frankfurt/M. 1974.

S. Freud/O. Pfister, Briefe 1909-1939, hrsg. von E.L. Freud/H. Meng, Frankfurt/M. 1980.

S. Freud/E. Weiss, Briefe zur psychoanalytischen Praxis, hrsg. von M. Grotjahn, Frankfurt/M. 1973.

S. Freud/A. Zweig, Briefwechsel, hrsg. von E.L. Freud, Frankfurt/M. 1969.

Tagebuch 1929-1939. Kürzeste Chronik, hrsg. und eingel. von M. Molnar, Basel/Frankfurt/M. 1996.

2. Sekundärliteratur

a) Hilfsmittel

Freud-Bibliographie mit Werkkonkordanz, bearb. von I. Meyer-Palmedo/G. Fichtner, Frankfurt/M. 1989.

b) Einführungen und Überblicksdarstellungen

L. Flem, Der Mann Freud, Frankfurt/M./New York 1993.

Th. Köhler, Das Werk Sigmund Freuds, Bd. 1, Eschborn 1987.

Ders., Das Werk Sigmund Freuds, Bd. 2, Heidelberg 1993.

Ders., Freuds Psychoanalyse. Eine Einführung, Stuttgart/Berlin/Köln 1995.

H.-M. Lohmann, Sigmund Freud, Reinbek 1998.

A. Schöpf, Sigmund Freud, München 1982.

c) Biographie

S. Bernfeld/S. Cassirer Bernfeld, Bausteine der Freud-Biographik, eingel., hrsg. und übers. von I. Grubrich-Simitis, Frankfurt/M. 1981.

R.W. Clark, Sigmund Freud, Frankfurt/M. 1981.

K.R. Eissler, Eine biographische Skizze, in: Sigmund Freud. Sein Leben in Bildern und Texten, hrsg. von E. Freud/L. Freud/I. Grubrich-Simitis, Frankfurt/M. 1976.

P. Gay, Freud. Eine Biographie für unsere Zeit, Frankfurt/M. 1989.

E. Jones, Das Leben und Werk von Sigmund Freud, 3 Bde., Bern/Stuttgart/Wien 1978.

M. Schur, Sigmund Freud. Leben und Sterben, Frankfurt/M. 1973.

F. Wittels, Sigmund Freud. Der Mann, die Lehre, die Schule, Leipzig/ Wien/Zürich 1924.

d) Einzelaspekte zu Leben und Werk

J. Alpert (Hg.), Psychoanalyse der Frau jenseits von Freud, Berlin/Heidelberg/New York 1992.

D. Anzieu, Freuds Selbstanalyse und die Entdeckung der Psychoanalyse, 2 Bde., München/Wien 1990.

L. Appignanesi/J. Forrester, Die Frauen Sigmund Freuds, München/Leipzig 1994.

S. Blanton, Tagebuch meiner Analyse bei Sigmund Freud, Frankfurt/M./ Berlin/Wien 1975.

P. Brückner, Sigmund Freuds Privatlektüre, Köln 1975.

J. Brunner, Freud and the Politics of Psychoanalysis, Oxford UK/Cambridge USA 1995.

H. Deserno (Hg.), Das Jahrhundert der Traumdeutung. Perspektiven psychoanalytischer Traumforschung, Stuttgart 1999.

H. Doolittle, Huldigung an Freud. Rückblick auf eine Analyse, Frankfurt/M./Berlin/Wien 1975.

K. R. Eissler, Medical Orthodoxy and the Future of Psychoanalysis, New York 1965.

Ders., Psychologische Aspekte des Briefwechsels zwischen Freud und Jung, Stuttgart 1982.

Ders., Todestrieb, Ambivalenz, Narzißmus, München 1980.

H. F. Ellenberger, Die Entdeckung des Unbewußten, Bern u.a. 1973.

Freud und das Kindweib. Die Erinnerungen von Fritz Wittels, hrsg. von E. Timms, Wien/Köln/Weimar 1996.

R. Gasser, Nietzsche und Freud, Berlin/New York 1997.

P. Gay, »Ein gottloser Jude«. Sigmund Freuds Atheismus und die Entwicklung der Psychoanalyse, Frankfurt/M. 1988.

Ders., Freud entziffern. Essays, Frankfurt/M. 1992.

Ders., Freud für Historiker, Tübingen 1994.

S. L. Gilman, Freud, Identität und Geschlecht, Frankfurt/M. 1994.

G. Gödde, Freud, Schopenhauer und die Entdeckung der »Verdrängung«, in: Psyche, 52, 1998, S. 143-175.

I. Grubrich-Simitis, Freuds Moses-Studie als Tagtraum, Weinheim 1991.

Dies., Zurück zu Freuds Texten. Stumme Dokumente sprechen machen, Frankfurt/M. 1993.

B. Handlbauer, Die Adler-Freud-Kontroverse, Frankfurt/M. 1990.

P. Harmat, Freud, Ferenczi und die ungarische Psychoanalyse, Tübingen 1988.

W. Harsch, Die psychoanalytische Geldtheorie, Frankfurt/M. 1995.

R. Heim, Der symbolische Vater als Revenant. Die Geburt der Psychoanalyse aus dem Geiste des Vaters, in: Psyche, 51, 1997, S. 1023-1050.

A. Hirschmüller, Freuds Begegnung mit der Psychiatrie. Von der Hirnmythologie zur Neurosenlehre, Tübingen 1991.

U. Irion, Eros und Thanatos in der Moderne. Nietzsche und Freud als Vollender eines antichristlichen Grundzugs im europäischen Denken, Würzburg 1992.

A. Kardiner, Meine Analyse bei Freud, München 1979.

St. Kiceluk, Der Patient als Zeichen und als Erzählung. Krankheitsbilder, Lebensgeschichten und die erste psychoanalytische Fallgeschichte, in: Psyche, 47, 1993, S. 814-854.

V. King, Die Urszene der Psychoanalyse. Adoleszenz und Geschlechterspannung im Fall Dora, Stuttgart 1995.

M. Krüll, Freud und sein Vater. Die Entstehung der Psychoanalyse und Freuds ungelöste Vaterbindung, Frankfurt/M. 1992.

E. Kurzweil, Freud und die Freudianer. Geschichte und Gegenwart der Psychoanalyse in Deutschland, Frankreich, England, Österreich und den USA, Stuttgart 1993.

L. Lütkehaus (Hg.), »Dieses wahre innere Afrika«. Texte zur Entdeckung des Unbewußten vor Freud, Frankfurt/M. 1989.

P. J. Mahony, Der Schriftsteller Sigmund Freud, Frankfurt/M. 1989.

Th. Mann, Freud und die Psychoanalyse. Reden, Briefe, Notizen, Betrachtungen, hrsg. von B. Urban, Frankfurt/M. 1991.

J. M. Masson, Was hat man dir, du armes Kind, getan? Sigmund Freuds Unterdrückung der Verführungstheorie, Reinbek 1984.

U. May-Tolzmann, Freuds frühe klinische Theorie (1894-1896). Wiederentdeckung und Rekonstruktion, Tübingen 1996.

B. Nitzschke, Wir und der Tod. Essays über Sigmund Freuds Leben und Werk, Göttingen/Zürich 1996.

Protokolle der Wiener Psychoanalytischen Vereinigung, 4 Bde., hrsg. von H. Nunberg/E. Federn, Frankfurt/M. 1976 ff.

J. Reichmayr, Spurensuche in der Geschichte der Psychoanalyse, Frankfurt/M. 1994.

Th. Reik, Dreißig Jahre mit Sigmund Freud, München 1976.

P. Ricœur, Die Interpretation. Ein Versuch über Freud, Frankfurt/M. 1969.

M. Robert, Sigmund Freud – zwischen Moses und Ödipus. Die jüdischen Wurzeln der Psychoanalyse, München 1975.

Ch. Rohde-Dachser, Expedition in den dunklen Kontinent. Weiblichkeit im Diskurs der Psychoanalyse, Berlin/Heidelberg/New York 1991.

H. Sachs, Freud. Meister und Freund, Frankfurt/M./Berlin/Wien 1982.

R. Schlesier, Konstruktionen der Weiblichkeit bei Sigmund Freud. Zum Problem von Entmythologisierung und Remythologisierung in der psychoanalytischen Theorie, Frankfurt/M. 1981.

A. Schmidt/B. Görlich, Philosophie nach Freud. Das Vermächtnis eines geistigen Naturforschers, Lüneburg 1995.

C. Schmidt-Hellerau, Lebenstrieb & Todestrieb, Libido & Lethe. Ein formalisiertes konsistentes Modell der psychoanalytischen Trieb- und Strukturtheorie, Stuttgart 1995.

W. Schönau, Sigmund Freuds Prosa. Literarische Elemente seines Stils, Stuttgart 1968.

C.E. Schorske, Wien. Geist und Gesellschaft im Fin de siècle, Frankfurt/M. 1982.

M. Schröter, Freuds Komitee 1912-1914. Ein Beitrag zum Verständnis psychoanalytischer Gruppenbildung, in: Psyche, 49, 1995, S. 513-563.

Ders., Zur Frühgeschichte der Laienanalyse. Strukturen eines Kernkonflikts der Freud-Schule, in: Psyche, 50, 1996, S. 1127-1175.

F.J. Sulloway, Freud, Biologe der Seele. Jenseits der psychoanalytischen Legende, Köln 1982.

Ch. Tögel, Berggasse – Pompeji und zurück. Sigmund Freuds Reisen in die Vergangenheit, Tübingen 1989.

R. Vogt, Psychoanalyse zwischen Mythos und Aufklärung oder Das Rätsel der Sphinx, Frankfurt/M./New York 1986.

E. Waibl, Gesellschaft und Kultur bei Hobbes und Freud, Wien 1980.

G. Wittenberger, Das »Geheime Komitee« Sigmund Freuds. Institutionalisierungsprozesse in der Psychoanalytischen Bewegung zwischen 1912 und 1927, Tübingen 1995.

M. Worbs, Nervenkunst, Literatur und Psychoanalyse im Wien der Jahrhundertwende, Frankfurt/M. 1983.

Y. H. Yerushalmi, Freuds Moses. Endliches und unendliches Judentum, Berlin 1992.

E. Zaretsky, Freuds Rufmörder im Zeitalter der Entidealisierung, in: Psyche, 53, 1999, S. 371-391.

M. Zentner, Die Flucht ins Vergessen. Die Anfänge der Psychoanalyse Freuds bei Schopenhauer, Darmstadt 1995.

A. Zweig, Freundschaft mit Freud. Ein Bericht, Berlin 1996.

Zeittafel

1856	Am 6. Mai wird Sigmund Freud, Sohn Jakob Freuds und dessen dritter Frau Amalie Nathanson, in Freiberg/Mähren geboren.
1860	Übersiedlung der Familie Freud nach Wien.
1873	Abitur. Aufnahme des Medizinstudiums an der Universität Wien.
1874	Der Student macht erste Bekanntschaft mit dem Antisemitismus und findet, sein Platz sei »in der Opposition«.
1875	Reise nach England.
1876	An der Zoologischen Station in Triest betreibt Freud Studien über männliche Flußaale. Eintritt ins Physiologische Institut Ernst Wilhelm von Brückes, von dem Freud später sagen sollte, daß dieser Lehrer die größte Autorität für ihn gewesen sei.
1877	Erste wissenschaftliche Publikation.
1878	Beginn der Freundschaft mit Josef Breuer.
1879	Teilnahme an den psychiatrischen Vorlesungen von Theodor Meynert.
1880	Militärdienst. Breuer übernimmt die Behandlung von Bertha Pappenheim (Anna O.).
1881	Promotion.
1882	Austritt aus Brückes Institut. Verlobung mit Martha Bernays. Um finanziell unabhängig zu sein, tritt Freud eine Arztstelle im Wiener Allgemeinen Krankenhaus an (bis 1886). Nebenher wissenschaftliche Forschung.
1884	Kokainexperimente.
1885	Privatdozent. Im Oktober geht Freud nach Paris und arbeitet bis Februar 1886 an der Salpêtrière, an der Jean-Marie Charcot, der wohl bekannteste Neuropathologe der Zeit, tätig ist. Unter Charcots Einfluß entdeckt Freud die psychologische Seite der Nervenpathologie.

1886	Bei der Rückkehr nach Wien erlebt er eine Enttäuschung: Sein Vortrag *Über männliche Hysterie*, in dem er über Charcots Lehren berichtet, stößt in der »Gesellschaft der Ärzte« auf scharfe Ablehnung. Eröffnung einer Privatpraxis. Im September Eheschließung mit Martha Bernays.
1887	Beginn der langjährigen freundschaftlichen Beziehung zu dem Berliner Hals-Nasen-Ohren-Spezialisten Wilhelm Fließ. Geburt der Tochter Mathilde.
1888	Freud übersetzt Hippolyte Bernheims Buch *De la suggestion et de ses applications thérapeutiques*. Erstmalige Anwendung der Hypnose im therapeutischen Verfahren.
1889	Reise nach Nancy zu Auguste Ambroise Liébeault und Bernheim, den Koryphäen der dynamischen Psychiatrie. Intensivierung der Beziehung zu Breuer. Geburt des Sohnes Jean-Martin.
1891	Im September zieht Freud mit seiner Familie in das Haus Berggasse 19 im IX. Wiener Bezirk, in dem er bis zu seiner Emigration im Juni 1938 leben und praktizieren sollte. Geburt des Sohnes Oliver.
1892	Entdeckung der Methode der freien Assoziation. Geburt des Sohnes Ernst.
1893	Formulierung der Theorie der traumatischen Verführung (Verführungstheorie). Geburt des Tochter Sophie.
1895	Zusammen mit Breuer Veröffentlichung der *Studien über Hysterie*. Geburt der Tochter Anna.
1896	Vortrag über die sexuelle Ätiologie der Hysterie, der auf scharfe Ablehnung stößt. Tod des Vaters.
1897	Reise nach Italien. Entdeckung des Ödipuskomplexes. Aufgabe der Verführungstheorie.
1899	*Die Traumdeutung*, vom Verleger auf das Jahr 1900 datiert.
1900	Beginn der Analyse von Dora.
1901	*Zur Psychopathologie des Alltagslebens.*
1902	Titularprofessur. Abkühlung der Beziehung zu Fließ. Erste Schüler. Beginn der Psychologischen Mittwoch-Abende in Freuds Wohnung.
1905	*Drei Abhandlungen zur Sexualtheorie; Der Witz und seine Beziehung zum Unbewußten.*
1907	Beginn der Beziehung zu C.G. Jung und Karl Abraham.

1908	Bekanntschaft mit Sándor Ferenczi und Ernest Jones. Gründung der Wiener Psychoanalytischen Vereinigung.
1909	*Analyse der Phobie eines fünfjährigen Knaben* (»der kleine Hans«). Mit Jung und Ferenczi Reise nach Amerika, Vorlesungen an der Clark University in Worcester, Mass. *(Über Psychoanalyse).*
1910	Psychoanalytischer Kongreß in Nürnberg. Gründung der Internationalen Psychoanalytischen Vereinigung.
1911	Alfred Adler verläßt den Kreis um Freud und gründet eine »Gesellschaft für Freie Psychoanalyse«. Beginn der Freundschaft mit Lou Andreas-Salomé.
1913	Bruch mit Jung. *Totem und Tabu.*
1915	*Zeitgemäßes über Krieg und Tod.* Veröffentlichung einer Reihe von metapsychologischen Abhandlungen.
1917	*Vorlesungen zur Einführung in die Psychoanalyse.*
1918	Psychoanalytischer Kongreß in Budapest.
1920	*Jenseits des Lustprinzips.*
1921	*Massenpsychologie und Ich-Analyse.*
1923	Krebsdiagnose, erste Operation. *Das Ich und das Es.*
1926	*Die Frage der Laienanalyse.*
1927	*Die Zukunft einer Illusion.*
1930	Freud erhält den Goethepreis der Stadt Frankfurt, den seine Tochter Anna für ihn entgegennimmt. *Das Unbehagen in der Kultur.*
1932	Briefwechsel mit Albert Einstein über die Frage der Verhütung zukünftiger Kriege *(Warum Krieg?). Neue Folge der Vorlesungen zur Einführung in die Psychoanalyse.*
1933	Am 10. Mai verbrennen die Nationalsozialisten Freuds Bücher. Freuds ironischer Kommentar: »Was wir für Fortschritte machen! Im Mittelalter hätten sie mich verbrannt, heutzutage begnügen sie sich damit, meine Bücher zu verbrennen.«
1935	Die Deutsche Psychoanalytische Gesellschaft wird »arisiert«, ihre jüdischen Mitglieder müssen die Vereinigung verlassen.
1938	Im März »Anschluß« Österreichs ans Deutsche Reich. Freuds Wohnung wird von der SA durchsucht, Anna Freud von der Gestapo verhaftet. Nach Interventionen Roosevelts und Mussolinis kann Freud im Juni mit seiner Familie über Paris nach London emigrieren.

1939   *Der Mann Moses und die monotheistische Religion.* Am 23. September, kurz nach Ausbruch des Zweiten Weltkriegs, stirbt Freud in seinem Haus, 20, Maresfield Gardens.

1940   *Abriß der Psychoanalyse.* Beginn des Erscheinens der *Gesammelten Werke* bei Imago Publishing, London.

Hans-Martin Lohmann, geb. 1944, lebt als freier Autor in Heidelberg. Letzte Buchveröffentlichung: Sigmund Freud (1998).

In der Reihe »Zur Einführung« im Junius Verlag bisher erschienen:

Jean-François Lyotard
von Walter Reese-Schäfer

Niccolò Machiavelli
von Quentin Skinner

Karl Mannheim
von Wilhelm Hofmann

Herbert Marcuse
von Hauke Brunkhorst
und Gertrud Koch

Karl Marx
von Flechtheim/Lohmann

George Herbert Mead
von Harald Wenzel

Maurice Merleau-Ponty
von Christian Bermes

Conrad Ferdinand Meyer
von Andrea Jäger

Montaigne
von Peter Burke

Thomas Morus
von Dietmar Herz

Robert Musil
von Thomas Pekar

Friedrich Nietzsche
von Wiebrecht Ries

Novalis
von Berbeli Wanning

Blaise Pascal
von Eduard Zwierlein

Jean Piaget
von Ingrid Scharlau

Platon
von Barbara Zehnpfennig

Ezra Pound
von Alexander Schmitz

John Rawls
von Wolfgang Kersting

Wilhelm Reich
von Martin Konitzer

Richard Rorty
von Detlef Horster

Jean-Paul Sartre
von Martin Suhr

Ferdinand de Saussure
von Peter Prechtl

Friedrich W.J. Schelling
von Franz Josef Wetz

Friedrich Schlegel
von Berbeli Wanning

Detlef Horster
Postchristliche Moral
Eine sozialphilosophische Begründung

Detlef Horster entwickelt eine auf die gegenwärtige Gesellschaftsstruktur bezogene umfassende Moralkonzeption, die sowohl den Gesellschaftsbezug der einzelnen Menschen wie deren Anspruch auf Selbstverwirklichung berücksichtigt. Als Äquivalent zu den heiligen Texten der Offenbarung, aus denen Anweisungen für moralisches Handeln entnommen werden konnten, haben wir heutzutage die Moral der wechselseitigen Anerkennung, die das »framework« für die moralische Einzelentscheidung bildet; und die Stelle der auslegenden und helfenden Geistlichkeit nehmen heute Ethikkommissionen ein.

Mit diesem Buch wird für unsere nachchristliche Gegenwart eine umfassende Moralkonzeption vorgelegt, wobei darüber hinaus in einzelnen Kapiteln die Frage nach dem glücklichen und gelungenen Leben, das Recht und die moralischen Motive abgehandelt und zueinander in Beziehung gesetzt werden.

ca. 672 Seiten, Hardcover mit Schutzumschlag
ISBN 3-88506-285-2
Erscheinungstermin: Oktober 1999

Ebenfalls im Junius Verlag erschienen:

François Dosse
Geschichte des Strukturalismus
Aus dem Französischen von Stefan Barmann

Band 1: Das Feld des Zeichens, 1945-1966
624 Seiten, Klappenbroschur
ISBN 3-88506-266-6

Band 2: Die Zeichen der Zeit, 1967-1991
624 Seiten, Klappenbroschur
ISBN 3-88506-267-4

Von Frankreich ausgehend, hat der Strukturalismus in den sechziger Jahren die geistes- und sozialwissenschaftlichen Fakultäten der europäischen Universitäten erobert. Anthropologen und Soziologen, Psychologen und Psychoanalytiker ebenso wie Philosophen brachen mit ihren Traditionen; sie hofften, auf der Grundlage einer fachspezifischen Rezeption der strukturalistischen Sprachwissenschaften ein den Naturwissenschaften vergleichbares Instrumentarium zu gewinnen.

François Dosse verbindet die Kenntnis der breiten Werkbasis mit zahlreichen Gesprächen mit den Akteuren, die den gesellschaftlichen Hintergrund und das Klima an den Universitäten spürbar machen. In dieser wohl detailliertesten Auseinandersetzung mit dem Strukturalismus wird die ganze Vielfalt ähnlicher und doch widerstreitender Ansätze deutlich.

»... überaus lesenswert – eine minutiöse Darstellung.«
Tagesanzeiger, Zürich

Ebenfalls im Junius Verlag erschienen:

Paul K. Feyerabend
Die Torheit der Philosophen
Dialoge über die Erkenntnis
Aus dem Englischen von Henning Thies

Der österreichisch-amerikanische Philosoph Paul Feyerabend war ein
Enfant terrible der Philosophie. Mit unerbittlicher Schärfe hat er die
»Expertokratie« und den Dogmatismus im gegenwärtigen Wissenschaftsbetrieb kritisiert. Dabei ist, was er sagt, stets voller Selbstironie. Das
berühmt gewordene, oft zitierte »Anything goes« wurde zum Slogan
seiner anarchistischen Erkenntnistheorie. Erkenntnis, so Feyerabend,
kann nur erlangen, wer sich von sämtlichen Dogmen befreit.

Die erstmals auf Deutsch veröffentlichten Dialoge über Erkenntnis
zeigen Feyerabend noch einmal als »Dadaisten einer erklärt ›Fröhlichen
Wissenschaft‹«: geistreich und polemisch, witzig und ironisch, dabei aber
zugleich von höchster geistiger Spannung.

160 Seiten, Broschur
ISBN 3-88506-240-2